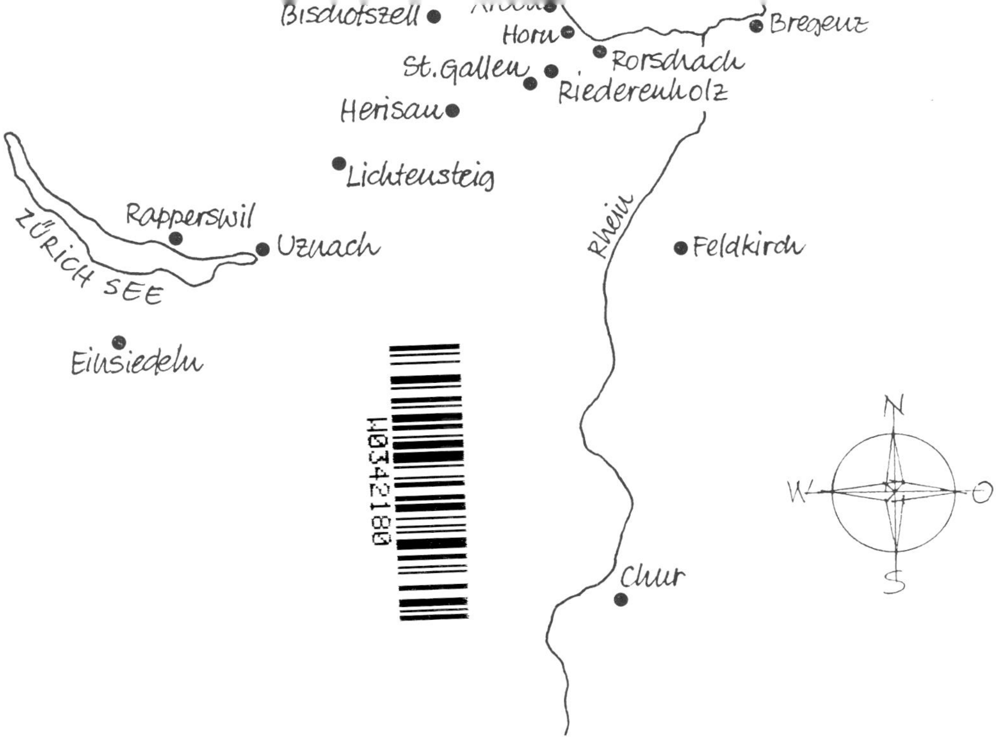
Bischofszell
Horn
Bregenz
Rorschach
St. Gallen
Riederenholz
Herisau
Lichtensteig
Rapperswil
Uznach
ZÜRICH SEE
Rhein
Feldkirch
Einsiedeln
Chur
N
W
O
S

Andreas Blauert

Sackgreifer und Beutelschneider

Andreas Blauert

Sackgreifer und Beutelschneider

Die Diebesbande der Alten Lisel, ihre Streifzüge um den Bodensee und ihr Prozeß 1732

UVK · Universitätsverlag Konstanz

Die Deutsche Bibliothek – CIP-Einheitsaufnahme
Blauert, Andreas:
Sackgreifer und Beutelschneider : die Diebesbande der Alten Lisel, ihre Streifzüge um den Bodensee und ihr Prozeß 1732 / Andreas Blauert. – Konstanz : Univ.-Verl. Konstanz, 1993
ISBN 3-87940-468-2

ISBN 3-87940-468-2

Satz: Claudia Wild, Konstanz
Druck: Konkordia GmbH, Bühl/Baden
Einbandgestaltung: Riester & Sieber, Konstanz
Papier: Chlorfrei gebleicht, ohne optische Aufheller

Inhalt

Vorbemerkung

Bücher besitzen ihre eigene Geschichte. Die des vorliegenden begann im Februar 1992 im Generallandesarchiv Karlsruhe mit einem Zufallsfund: Den umfangreichen Quellen des Prozesses gegen die Diebesbande der Alten Lisel, den Richter des Reichsstiftes Salem 1732 geführt haben. Fast 500 Seiten umfaßt alleine die Überlieferung der in Teilen erhaltenen Verhörprotokolle der Bandenmitglieder. Ihre Auswertung bildet den Grundstock der folgenden Darstellung. Die Karlsruher Quellen erregten sofort meine Aufmerksamkeit. Vor mir lag ein Material, wie ich es mir seit langem gewünscht, und wie ich es schon lange gesucht hatte: Der Stoff für eine spannende Geschichte. Daß die Bande der Lisel bei ihren Streifzügen die gesamte Bodenseeregion durchstreift hatte, war zusätzliche Anregung, mich den Quellen ihres Prozesses zuzuwenden. Unversehens läßt sich hier ein Blick auf den Raum werfen, der heute allenthalben als Euregio Bodensee beschworen wird. Seine Bewohner und Bewohnerinnen sind aber durch eine Vielzahl von Grenzen – eingebildeter und tatsächlicher Natur – immer noch und immer wieder aufs Neue weit stärker voneinander getrennt, als das die wiederholte Berufung auf die Gemeinschaft vermittelnde Bedeutung des Bodensees vermuten läßt. Indem die Alte Lisel und ihre Gefährten diese Grenzen beständig überschritten, zwingen sie alle die, die die Spur der Bande aufnehmen, sich der Region, in der sie heute leben und arbeiten, neu zu vergewissern, und so vielleicht einige der aufgerichteten Grenzen zu überwinden.

Die Gliederung des vorliegenden Büchleins ergab sich nach dem zuletzt Gesagten wie von selbst. Die Quellen boten geradezu an, das rastlose Unterwegssein der Gruppe auf den Straßen und in den Dörfern und Städten der Bodenseeregion, ihren Alltag also, zu rekonstruieren, und in den Mittelpunkt der zu erzählenden Geschichte zu rücken. In diesem Zusammenhang interessiert neben vielem anderen: Welche persönliche Geschichte besitzen die Lisel und ihre Kumpane? Diebesbande, was heißt das überhaupt zu

Beginn des 18. Jahrhunderts? Und wie ordnet sich ihre Geschichte in die Geschichte des Diebes- und Räuberbandenwesens und seiner Verfolgung in der Bodenseeregion im 18. Jahrhundert ein?

Ich beginne in diesem Sinne mit einigen zusammenfassenden Bemerkungen zu den Quellen, zu den Protagonisten der folgenden Ausführungen, zum Milieu, in dem sie sich bewegten, und zum Metier, das sie ausübten. Das zentrale Kapitel der Darstellung trägt die Überschrift ›Auf Diebestour in Schwaben und in der Schweiz, an Bodensee und Rhein‹. Es verfolgt die Geschichte der Bande vom Jahr 1729 bis ins Jahr 1732, als ihre Mitglieder in Lausheim bei Ostrach, das damals salemisches Amt war, verhaftet und nach Abschluß eines langen Prozesses in Salem hingerichtet wurden. Ich schließe mit einigen kurzen Bemerkungen, die das Schicksal der Gruppe in den Kontext der Entwicklung des Diebes- und Räuberbandenwesens in der Region stellen.

Es ist mir im Verlaufe der Arbeit bewußt geworden, daß dieses Schicksal durchaus typisch war und von vielen Zeitgenossen so geteilt wurde. Mehr noch, das Material für eine weitgespannte Studie zur Lage der

Randgruppen und Unterschichten in der Bodenseeregion vom Anfang des 18. bis zum Beginn des 19. Jahrhunderts liegt bereit und wartet nur darauf, einen Bearbeiter oder eine Bearbeiterin zu finden. Mit dieser Erkenntnis lief ich aber auch Gefahr, mein ursprüngliches Anliegen aus den Augen zu verlieren: Hautnah dabeizusein, wie die Alte Lisel und ihre Gefährten, Menschen aus Fleisch und Blut mit ciner ganz eigenen, unverwechselbaren Geschichte, als Diebe und Gauner in der Region zu leben und zu überleben versuchten. Für mich war das ein ungemein packendes Unterfangen. Ich hoffe, daß es mir gelungen ist, den Funken, der von den Quellen auf mich übersprang, auch auf einige Leser und Leserinnen überspringen zu lassen.

Annäherungen: Die Quellen, die Akteure, das Milieu und das Metier

1. Die Verhöre der Alten Lisel und ihrer Gefährten begannen unmittelbar nach ihrer Verhaftung Ende Januar 1732 und dauerten mindestens bis in den Mai und Juni desselben Jahres hinein. Die Auswertung der in Teilen erhaltenen Protokolle dieser Vernehmungen wirft für den Historiker dieselben Probleme noch einmal auf, die sich seinerzeit schon den die Untersuchung führenden Salemer Beamten gestellt haben. Für sie galt es nach der mehr oder weniger zufälligen Verhaftung der Gruppe zunächst einmal, die wahre Identität der einzelnen Personen festzustellen, sowie die Herkunft der sichergestellten Waren zu klären, von denen bald vermutet werden durfte, daß sie Diebesgut waren. Die Strategie, die die Häftlinge in dieser Situation einzuschlagen hatten, war klar und einfach: Sie mußten versuchen, ihre kriminelle Biographie so lange wie irgend möglich zu verbergen, und jeden Diebstahlsvor-

wurf konsequent abzustreiten. Hierher gehört, daß sich die Lisel und ihre Kumpane in ihren Verhören anfänglich als Zufallsbekannte ausgaben, die sich erst einen Tag vor ihrer Verhaftung kennengelernt hätten.
Die Salemer Untersuchungsbeamten und Richter wußten, daß sie vor einer nur schwierig zu lösenden Aufgabe standen. Sie bedienten sich daher einer Reihe kriminalistischer Hilfsmittel, die gleichermaßen einfach wie wirkungsvoll waren: Sie unterbrachen die Verhöre der einzelnen Häftlinge immer wieder, um mit dem Verhör eines Mithäftlings fortzufahren, der oder die dann mit den gerade gemachten Aussagen konfrontiert werden konnte. Sie korrespondierten mit den Gerichtsorganen der zahlreichen Herrschaften der Bodenseeregion, um sich notwendige Informationen zu verschaffen. Das kostete freilich viel Zeit. Und sie griffen auf frühe Formen von Fahndungslisten zurück, wie sie damals in der Region im Umlauf waren. Auch die Salemer Richter erstellten eine solche nach Abschluß ihres Prozesses: Die »Jauner= und Diebs=Lista Oder Außführliche Beschreibung Einiger In dem Schwabenland und in der Schweitz vagirenden Mörderen [...]« vom März 1733.

Jauner=
Und
Diebs=Lista
Oder
Außführliche Beschreibung
Einiger
In dem Schwabenland und in der

Schweitz vagirenden Mörderen/ Kirchen= und Strassen=Rauberen/ Beutelschneideren/ Tag=und Nacht=Marckt= auch Herberg=Dieben / dann auch deren Land=schädlich= und höchst=sträfflichen Unterschlauff=Geberen / Mithelfferen / &c. welche von denen bey allhiesig Königl. Freyen Reichs=Stüffts Salmansweyler Anno 1732. durch Strang und Schwerd hingerichteten Maleficanten / benantlich Johann Douroth / Dominico Schidenhalm / Quirino Ostertag / Georgio Lothner / Michael Awer / Jacob Waltemer / Verena Mingerin / Catharina Saylerin / Elisabetha Frommerin / und Maria Braunin beschriben / und angegeben worden / welche auch auf diser ihrer Beschreibung= und Außsagung biß in ihr Ende beharret seynd ; dahero zu derselben Hand=Vestmachung und höchst=nöthigen Praecautionen der ärgerlichen Receptatorum, auch Sicherheit/ und Bestem sowohl des Publici, als Privatorum, dise Listam und Beschreibung in offentlichen Truck verfertigen lassen. Den 10. Martij. 1733.

Verhörende und Verhörte rangen im beschriebenen Sinne über Wochen miteinander. Die einen, um ein Geständnis der Häftlinge zu erhalten, auch unter Androhung der Folter. Die anderen, um ihrem fast sicheren Schicksal, dem Todesurteil, zu entgehen. Wahr sind die Aussagen in den Salemer Gerichtsakten vor allem in eben diesem Sinne: Als Ausdruck des verzweifelten Versuches der Häftlinge, noch einmal mit dem Leben davonzukommen. Antworten auf Fragen wie: Woher kamen die Alte Lisel und ihre Gefährten, als sie verhaftet wurden? Hatten sie nicht den einen oder anderen Diebstahl dort verübt? Wann waren sie von dort aufgebrochen? Wer war seinerzeit noch bei ihnen gewesen? – Antworten auf diese Fragen ergeben sich erst nach wiederholtem Abgleich der widersprüchlichen Aussagen der einzelnen Häftlinge. Dabei kann es dem Historiker genauso wie dem Salemer Richter geschehen, daß er auf die falsche Spur gebracht wird. Dabei verfügten letztere über ungleich mehr Informationen, als der Historiker heute je besitzen kann. Dennoch ist es ihm möglich, über die Lücken der Quellen hinweg ein getreues Bild der Lisel und ihrer Gruppe zu zeichnen. Er ist dabei sogar freier als der Salemer Richter, da er sich dessen Vorurteile nicht zu eigen machen braucht. Er wird sich jedoch seinerseits bewußt sein, daß es kein vorurteilsfreies Bild ist, das er zeichnet.

2. Die Alte Lisel (Elisabetha Frommerin), die zum Zeitpunkt ihrer Verhaftung in Lausheim etwa 40 Jahre alt war, kann als Kopf und Herz der Bande bezeichnet werden. Sie war eine erfahrene Landfahrerin und Diebin, die damals schon drei Ehemänner auf der Hinrichtungsstätte verloren hatte. Die Salemer Richter versuchten, ihren Lebensweg zu rekonstruieren, seitdem sie im Sommer 1729 in Sigmaringen aus dem Gefängnis ausgebrochen war. Ihr dritter Mann, der Geiger Stöffele, war dort mit einigen Komplizen hingerichtet worden.
Ständige Begleiterin der Lisel war ihre Tochter Columbina (Columbina Knoblocherin), ein Kind ihres ersten Mannes Andreas Knoblocher und etwa 15 Jahre alt. Die Columbina war, als ihre Mutter in Sigmaringen ins Gefängnis geworfen worden war, zu einer Schneidersfamilie nach Sigmaringendorf in die Kost gegeben

worden. Gleich nach ihrem Ausbruch holte die Alte Lisel sie wieder zu sich, da sie trotz ihres jungen Alters bereits eine mit allen Wassern gewaschene Taschendiebin war, auf die die Mutter bei der Ausübung ihres Handwerks nur ungern verzichtete. Die Columbina hielt ihrerseits bedingungslos zur Mutter, was den einen oder anderen Streit nicht ausschloß.

Das Anna Meyle (Maria Braunin) war die Magd der Alten Lisel und wie die Columbina etwa 15 Jahre alt. Auch sie stammte aus dem Milieu des kriminellen Vagantentums; beide Eltern waren hingerichtet worden. Die Lisel holte sie um Ostern 1731 zu sich und beauftragte sie später vor allem mit der Pflege des Kindes, das erstere gegen Ende des Jahres in der Nähe von St. Gallen zur Welt brachte.

Der Thomas (Dominicus oder Thomas Schidenhalm, auch der Müller, der Beck oder der Stotzinger genannt) war der vierte Ehemann der Alten Lisel, wobei im Falle dieser Eheschließungen der Nachweis der Trauung durch die Beteiligten zumeist nicht erbracht werden konnte. Die Quellen bezeichnen den Thomas daher denn auch als den »Galan« der Lisel. Er war etwa 26 Jahre alt, als er sich im Frühjahr 1731 der Alten Lisel anschloß, also weitaus jünger als diese, und kann gleichermaßen als ihr Liebhaber und Beschützer, Geschäftspartner, Zuhälter und Ausbeuter gelten.

Der Tüpflete Hannes (sein voller Name ist unsicher) stieß spätestens im Sommer 1731 zu den Letztgenannten. Er wird mitunter als der »gevatter mann« der Lisel bezeichnet und verstand sich auch mit dem Thomas gut. Gelegentlich verließen die beiden Männer für einige Zeit die Frauen, um größere Diebstähle und Einbrüche zu begehen, während diese ihren gewohnten Diebereien auf Märkten und Messen nachgingen.

Die Quellen zählen natürlich noch eine ganze Reihe weiterer Personen auf, die zumindest eine Zeit lang mit der Alten Lisel zusammen unterwegs waren. Dazu gehörten Catherina Saylerin (oder Stöklerin) und Jacob Waltemer, Verena Mingerin (oder Fremerin) und Johann Douroth, beides Ehepaare, die erst wenige Tage vor der Verhaftung der Bande zur Lisel gestoßen waren. Auch sie wurden natürlich von den Salemer Richtern verhört, weshalb ihr Lebensweg und Schicksal ebenfalls recht deutlich vor Augen tritt. Die Quellen zeigen aber auch, daß sich die Alte Lisel, die Columbina und das Anna Meyle zusammen mit dem Thomas und vielleicht noch dem Tüpfleten Hannes in der großen Masse von Menschen, die wie sie selbst ›auf dem Land herumzogen‹, durch einen besonders engen Zusammenhalt auszeichneten.

3. Die Alte Lisel und ihre Gefährten gehörten zur Gruppe der Vaganten oder Vagierenden, Menschen ohne festen Wohnsitz also, die verbreiteten Schätzungen zufolge bis zu einem Zehntel der Bevölkerung des 18. Jahrhunderts ausmachten. Wiederum die Hälfte davon war permanent auf der Straße. Sie stammten aus den bäuerlichen und gewerblichen Unterschichten, waren aus dem Dienst entlassene oder desertierte Soldaten, Abdecker, Hausierer, Zirkusleute, Gaukler, Taschenspieler, Bettler natürlich und so weiter. Sie alle befanden sich auf einer schmalen Gratwanderung zwischen einer seßhaften, ehrlichen Existenz und einer aller Verbindungen dahin beraubten kriminellen Existenz. Im Fall der Alten Lisel und ihrer Gefährten dienten Bettelei und Hausiererei, die wichtigsten Erwerbsformen im Vagantenmilieu, nur noch der Tarnung ihres eigentlichen Gewerbes, des Diebstahls.

Man wird sich die Gruppe um die Lisel freilich nicht als eine verschworene, am Rande oder gar außerhalb der Gesellschaft lebende Bande vorstellen dürfen. Das entspricht vielleicht unserem Bild der Räuberbanden eines Robin Hood oder Schinderhannes. Zutreffend ist mit Blick auf die Alte Lisel und ihre Gefährten eher das Bild einer vergleichsweise losen, sich häufig umgruppierenden kriminellen Überlebensgemeinschaft. Wenn im Zusammenhang mit der Lisel von einer Diebesbande gesprochen, sie selbst sogar als ihre Anführerin bezeichnet wird, dann ist das also immer auch Zugeständnis an allzu festgefügte Vorstellungen und eingeübte Sprechweisen.

Frauen spielten in diesen Überlebensgemeinschaften eine zentrale Rolle. Sie stellten den über den nächsten Tag hinausgehenden Zusammenhalt der Gruppe her, alleine schon vermittelt durch die Sorge um die zahlreich mitgeführten Kinder. Mit Taschen- und anderen Diebstählen, die sie in Gasthäusern und auf Märkten verübten, sorgten sie für das tägliche Auskommen der Gruppe. Es entsteht so unversehens das Bild einer Welt, in der Männer nur am Rande vorkommen. Diese hielten sich nämlich, während die Frauen bei ihren

Diebstahlsversuchen riskierten, entdeckt und gefangen zu werden, zumeist in Wirtshäusern auf, wo sie tranken und spielten und darauf warteten, daß ihre Frauen das von ihnen gestohlene Geld und andere Beute zu ihnen brachten. Gelegentlich verabredeten sie sich hier allerdings mit anderen Männern zu größeren, dann oft bewaffneten Einbruchsdiebstählen. Das war eindeutig Männerhandwerk. Auch diese Einbrüche wurden also nicht von festen Banden begangen, sondern von beinahe zufällig sich zusammenfindenden Gruppen. Das schließt nicht aus, daß man sich bereits von früheren Unternehmungen her kannte.

Frauensache hin, Männersache her. Die Alte Lisel war die unbestrittene Anführerin der um sie gescharten Männer, Frauen und Kinder, denn von ihrer Lebenserfahrung, ihrer Routine im Kampf ums Überleben profitierten alle. Es war bezeichnenderweise auch die Lisel, die den Salemer Untersuchungsbeamten am längsten standhielt und erst aufgab, als sie von den sie belastenden Aussagen der Columbina, des Anna Meyle und des Thomas förmlich erdrückt wurde.

4. Die Salemer Jauner- und Diebsliste unterscheidet weit ausholend zwischen vagierenden Mördern, Kirchen- und Straßenräubern, Beutelschneidern, Tag-, Nacht-, Markt- und Herbergsdieben. Tatsächlich lassen sich Beispiele für fast alle diese Delikte – mit Ausnahme von Mord und Straßenraub – in den Untersuchungssakten finden. Letztere bezeichnen die Alte Lisel nicht ganz so weit ausgreifend, dafür aber präziser als Beutelschneiderin, Marktdiebin und Sackgreiferin, und es wird noch Gelegenheit bestehen zu zeigen, wo und wie sie und ihre Gefährten Geld und Schmuck aus Taschen und Beuteln zogen, oder wie sie Stoffe und Kleidungsstücke von Marktständen verschwinden ließen.

Sie scheinen dabei nicht wählerisch gewesen zu sein. Was sich greifen ließ, das wurde mitgenommen. Die bei der Verhaftung der Gruppe sichergestellten Packen enthielten in buntem Durcheinander Kleiderstoffe, Spitzen, Bänder, Garne und andere Krämerwaren. Nicht ganz einfach zu beantworten ist in diesem Zusammenhang die Frage, wie hoch der Ertrag eigentlich war, den die Gruppe aus ihren zahlreichen Diebstählen zog. Einerseits drängt sich der Eindruck auf, daß er nicht sonderlich groß gewesen sein kann. Selten gelangen Gelddiebstähle in zweistelliger Guldenhöhe, und es waren viele Münder, die täglich gestopft werden mußten. Dazu mochte das Erbeutete gerade ausreichen. Andererseits gibt es Hinweise, daß sich die Gruppe nicht zu den Ärmsten der Straße rechnete, ja, sich von diesen bewußt abgrenzte. Kleidung spielte dabei eine wichtige Rolle, und es finden sich immer wieder Hinweise, daß die Gruppenmitglieder ihre Garderobe erneuerten und ergänzten. Die Salemer Untersuchungsbeamten verleitet das einmal zu der Frage, woher sie denn das Geld genommen hätten, daß sie sich »so vill und kostbare klayder habe(n) können machen lassen?« Einen Teil ihres Wohlstandes trugen sie also im wahrsten Sinne des Wortes auf dem Leib mit sich herum.

Nicht unproblematisch ist auch der Versuch, Wertangaben einzelnen Diebesgutes in Gulden zur damaligen Kaufkraft des Guldens in Beziehung zu setzen. So gelangen der Bande durchaus immer wieder einmal einträgliche Diebstähle wie der von acht Ringen in Chur, die einen Wert von 54 fl (=Gulden) besessen haben sollen. Das entspricht einer neueren Berechnung von Inge Becher zufolge immerhin dem Betrag, den eine Familie am Ende des 18. Jahrhunderts jährlich zur Sicherung ihrer Subsistenz aufzubringen hatte. Der Thomas soll freilich nur 10,5 fl aus diesem Diebstahl erlöst haben, als er die Ringe in St. Gallen an einen Hehler weiterverkaufte. Provisionen, Übernachtungskosten und andere Ausgaben zehrten den letztlich zur Verfügung stehenden Betrag weiter auf. Die Lisel und ihre Gefährten hatten also gar keine andere Wahl, als beinahe täglich den einen oder anderen Diebstahl zu begehen, wollten sie ihr Auskommen finden. An keiner Stelle der Quellen wird jedoch gesagt, daß sie bei ihrer Verhaftung einen wirklich bedürftigen Eindruck gemacht hätten. Eher das Gegenteil war wie gesehen der Fall. Das Diebeshandwerk scheint die Bande der Alten Lisel also alles in allem nicht schlecht ernährt zu haben.

Auf Diebestour in Schwaben und in der Schweiz, an Bodensee und Rhein

1. Ich habe darauf hingewiesen, daß die Salemer Häftlinge hartnäckig versuchten, ihre wahre Identität vor den Untersuchungsbeamten zu verbergen. Letztere waren daher froh, daß sie die Alte Lisel mit ihrer Beschreibung in einem Diebsverzeichnis konfrontieren konnten, das 1728 in Zürich auf Grund der Aussagen von drei später hingerichteten Dieben angefertigt worden war: »Liselj, N. auß dem Schwabenland, in 40 Jahren, kurtz und gemeiner Taille, rund und bleiches Angesicht, schwartz Haubt=Haar, streicht den Märckten nach, kommt Schwäbisch gekleidet, und hat zwey Kinder.« Die Lisel stritt zunächst zwar schlichtweg ab, die Beschriebene zu sein. Doch das Netz der sie belastenden Informationen zog sich jetzt immer enger um sie zusammen, und sie mußte folglich immer mehr Details ihrer Biographie preisgeben.

Am 29. April 1732 antwortete sie auf die Frage, wie sie

heiße, woher sie stamme, wer ihre Eltern seien, ob sie Geschwister habe, und ob diese noch lebten, welcher Religion und ob sie verheiratet sei, mit den Worten: »Sie haisse Elisabetha. Zunahmen habe sie keinen. ihr Vatter seye ein Soldat gewesen. welchen sie nicht gekhondt. geschwistrige habe sie nur eins. welches (Anna) Meyle haisse. und ehedessen des allhier gefangenen Müllers Concubin gewesen seye. sie seyen aber nur zusammen gebrachte kinder. ob sie bey leben oder nicht. könne sie nicht sagen. ob sie in 30 oder 40 jahren seye. wisse sie nicht. das wisse sie wohl. das sie Römisch-Cathol. Religion seye. Sie habe keinen Mann. mithin ledig.«

Am 10. Mai ergänzte die Alte Lisel diese Aussage: Ihr richtiger Name laute Elisabetha Frommerin. Ihre Mutter Madlena sei vor ungefähr zwölf Jahren zusammen mit einem gewissen Caspar Heurle und zwei Stiefbrüdern hingerichtet worden. Ihre Stiefschwester Anna Meyle sei damals jedoch mit dem Leben davongekommen.

Die Lisel ging damals schon seit längerem ihre eigenen Wege. Vor etwa 20 Jahren hatte sie ihren ersten Mann geheiratet, Andreas Knoblocher, einen Falschspieler, der der Vater ihrer Tochter Columbina war. Er habe sie freilich bereits nach zwei Jahren verlassen, sei daraufhin unter anderem mit dem obenerwähnten Caspar Heurle herumgezogen und wenig später in Frauenfeld hingerichtet worden. Danach war sie kurze Zeit mit einem gewissen Lorentz Guethner zusammen, von dem sie ein Kind namens Eva Maria hatte, das von zwei Schwestern Guethners aufgezogen wurde. Guethner selbst wurde unweit von Horb hingerichtet, nachdem er mit der Alten Lisel und seinen Schwestern eine Reihe von Diebstählen verübt hatte. Dabei hatte es sich durchweg um kleinere Delikte gehandelt, wenn man den Aussagen der Lisel glauben schenken darf: Kleidungsstücke, die aus einem Bauernhaus entwendet, Wachs und Stoff, die auf einem Markt gestohlen worden waren, und so weiter. Später war sie fünf oder sechs Jahre mit dem Geiger Stöffele zusammen. Aus dieser Beziehung stammten die Kinder Victor und Franz. Der Stöffele spielte auf den Märkten Schwabens und der Schweiz auf, war aber auch ein allseits bekannter Dieb.

Im Zürcher Diebsverzeichnis heißt es über ihn: »Geiger=Stöffeli, auß dem Allgeu, in 20 Jahren alt, langer und magerer Statur, ein lang, mageres und weisses Gesicht, spitzige Nasen, schwartz=braunes glatt mittelgaltiges(?) Haar, ohngebartet, ein Geiger und Beutelschneider, Kleideren halben veränderlich, halt sich meistens im Schwaben und Schweitzerland auf, vor einem Jahr ohngefehr sey dieser zu Zürich in Verhafft gewesen, führt eine Canalien mit sich, die heisset (Lisel).«

2. Die Alte Lisel, ihre Tochter Columbina, der Stöffele und eine Reihe von Komplizen, darunter die Rote Frickingerin und ihre Tochter Marianna, die häufig mit der Lisel zusammen waren, begingen zu Anfang des Jahres 1729 in Hayingen und Granheim verschiedene Diebstähle. In Hayingen griffen sie unter anderem Leder von einigen Marktständen und scheuten sich nicht, die Beute in das Wirtshaus zu tragen, in dem sie abgestiegen waren. In Granheim brachen sie nachts bei einem Krämer ein und entwendeten vor allem Kleidungsstücke.
Die Gruppe wandte sich nun in Richtung Sigmaringen, wo sie in der Nähe von Hochberg mitsamt der Granheimer Beute von Sigmaringer Jägern verhaftet wurde.

Der anschließende Prozeß wurde mit großer Härte geführt: Der Geiger Stöffele und mehrere Komplizen wurden hingerichtet. Columbina wurde zusammen mit zwei jüngeren Geschwistern, vermutlich also mit Victor und Franz, bei einem Schneider in Sigmaringendorf in die Kost gegeben. Der Alten Lisel dagegen gelang im August 1729 nach vierzehn- bis fünfzehnwöchiger Haft die Flucht aus dem Gefängnis, nachdem sie sich der eisernen »Pringen« entledigt hatte, die sie an Hand und Fuß trug.

Ob die Flucht der Lisel geplant war oder nicht, ob sie alleine oder mit anderen Häftlingen zusammen ausbrach, ist nicht bekannt. Fest steht dagegen, daß die Alte Lisel als erfahrene Landfahrerin und Diebin sofort wieder im Milieu aktiv wurde. Als erstes schickte sie eine Bettlerin mit Namen Babe, die eine Schwester des Anna Meyle war, nach Sigmaringendorf und bestellte ihre Tochter ins Kapuzinerkloster nach Saulgau. Diese befand sich seit etwa vier Wochen in Sigmaringendorf und kam der Aufforderung der Mutter, sich ihr wieder anzuschließen, gerne nach. Schenkt man ihrer Aussage Glauben, dann hatte sie dort nur wenig zu essen bekommen.

Die Lisel selbst wandte sich, bevor sie nach Saulgau ging, nach Praßberg bei Wangen im Allgäu, um bei einem Überfall, den sie zusammen mit einigen Komplizen verübte, das notwendige Startkapital für die wiedererrungene Freiheit zu gewinnen. Mit dabei waren unter anderem Schwester und Schwager der Lisel. Die Salemer Diebsliste beschreibt sie unter den Nummern 28 und 29. Der Überfall, der dem Glaser »auff dem Prassberg« galt, ist in zweierlei Hinsicht außergewöhnlich. Zum einen weil er bewaffnet und unter Beteiligung der Frauen ausgeführt wurde. Zum anderen weil er einem Mann galt, der eigentlich auf der Seite der Alten Lisel und ihrer Gefährten stand: Er gewährte ihresgleichen Unterschlupf, bewahrte Diebesgut auf oder kaufte ihnen dieses ab. Von Praßberg begab sich die Lisel nach Saulgau, wo sie »vm den Nicolai tag herum« (10. September) wie verabredet ihre Tochter traf.

3. Die Alte Lisel und die Columbina waren in den folgenden Monaten bemüht, so wenig wie möglich auf sich aufmerksam zu machen. Sie zogen

sich zusammen mit der Babe ins Allgäu zurück, wo sie ihr Auskommen vornehmlich mit Betteln gesucht zu haben scheinen. Unweit Isnys hielten sie sich einmal drei Wochen auf, weil die Lisel Beschwerden mit einem geschwollenen Bein hatte. Mit Ende des Winters war jedoch die Zeit für eine Ortsveränderung gekommen: Die Alte Lisel und ihre Tochter machten sich zu Beginn des Jahres 1730 über Ehingen an der Donau, wo sie die Ostertage verbrachten, und Ulm nach Pfersee bei Augsburg auf, das sie am Freitag oder Samstag vor Pfingsten erreichten. Nicht mehr dabei war die Babe; sie hatte sich vor Antritt der Reise von den beiden anderen Frauen getrennt.

In Pfersee fanden sie Unterkunft in einem Haus, in dem sich schon eine ganze Zahl »steifbettler« – das sind Bettler, die in besserer Kleidung auftraten und aus besseren Kreisen zu sein vorgaben – aufhielten. Es dauerte nicht lange, und es kam zum Streit unter ihnen, Soldaten rückten an, und die Lisel, ihre Tochter sowie zehn bis zwölf weitere Personen wurden ins Zuchthaus Buchloe abgeführt. Dabei war zumindest die Columbina gar nicht in diesen Streit verwickelt gewesen. Sie lag zur fraglichen Zeit in einer Kammer unter dem

Dach im Bett. Als die Soldaten das Haus durchsuchten, fanden sie allerdings einen jungen Handwerksgesellen bei ihr vor. Ihre Mutter, die eigentlich das Bett mit der Tochter teilte, hatte es dem Handwerksgesellen überlassen.

Die Aussagen der Columbina in dieser Angelegenheit sind etwas undurchsichtig. Auf Nachfrage der verhörenden Beamten gab sie an, den Handwerksgesellen gekannt zu haben. Er hieß Gori und stammte aus der Gegend von Augsburg. Sie hätten sich etwa acht Tage vor ihrer Verhaftung kennengelernt, und da der Gori sie habe heiraten wollen, hätten sie sich in Pfersee verabredet. Die das Haus durchsuchenden Soldaten sahen die Sache freilich anders. Für sie handelte es sich viel eher um einen Fall von Unzucht, in dem sich die Mutter der Columbina möglicherweise sogar als Kupplerin betätigt hatte. In Buchloe wurde die Columbina dafür zwei Mal mit Ruten ausgestrichen.

Weniger glimpflich kamen dort die Alte Lisel und der Gori davon. Beiden wurden »nägel durch die finger gestochen«, weil bei ihnen sechs Bleiblättchen von der Größe eines Batzens gefunden worden waren. Sie leisteten bei der Plünderung von Opferstöcken wertvolle

Hilfe. Die Columbina ging dabei – in der Aussage Jacob Waltemers – wie folgt vor: »Sie habe ein dünnes bleyes plätlein gehabt welches sie mit taig über schmieret. und an einem zwirnfaden hinunder gelassen wor an das gelt hinnach behangen und sie also herausbringen können.«

Die Haft in Buchloe dauerte für die beiden Frauen noch länger als die Haft in Sigmaringen, in die sie ziemlich genau ein Jahr zuvor geraten waren. Erst zwei Wochen vor Martini (11. November) wurden sie wieder entlassen; der Gori mußte sogar noch länger in Buchloe bleiben. Leider finden sich in den Salemer Quellen so gut wie keine Ausführungen zu den Lebens- und Arbeitsbedingungen im Buchloer Zuchthaus. Die Columbina erwähnt einmal, daß sie während ihrer Haft Spinnarbeiten verrichten mußte. Allenfalls anekdotischen Charakter besitzt ihre Bemerkung, daß sich unter den in Pfersee Verhafteten auch ein Student und ein Brauknecht befanden, und daß ersterer in Buchloe Schreiber, letzterer Soldat geworden sei.

Die Gründung des Zuchthauses Buchloe in den 1720er Jahren und die Inhaftierung der Lisel und ihrer Tochter dort wirft ein Licht auf die in den zwanziger und dreißiger Jahren des 18. Jahrhunderts erstmals deutlich greifbaren obrigkeitlichen Versuche, das verbreitete Armen-, Bettler- und Gaunerwesen einzudämmen. Verschiedene auf dieses Ziel gerichtete Maßnahmen lassen sich erkennen: Es wurden Almosen- und Bettelordnungen erlassen, in größerer Zahl Zucht- und Arbeitshäuser errichtet, ein regelmäßiger Streifendienst eingerichtet und in zunehmender Zahl großangelegte und großen Aufwand erfordernde Prozesse wie der gegen die Alte Lisel und ihre Gefährten geführt. Ihr Schicksal besitzt also durchaus exemplarischen Charakter. Auf diese Zusammenhänge kann gegen Ende der Darstellung zurückgekommen werden. Zunächst soll aber der Weg der Lisel nach ihrer Haftentlassung in Buchloe weiterverfolgt werden.

4. Die Alte Lisel und die Columbina machten sich von Buchloe »graden weegs« nach Saulgau auf, wo sie im nahegelegenen Steinbronnen bei einem Pferdehändler Unterkunft fanden. Hier und in Fenken bei Ravensburg hielten sie sich den ganzen Winter auf,

besuchten die Märkte der Umgebung und begingen so viele Diebstähle, daß sie gar nicht einzeln aufgezählt werden können. In Markdorf beispielsweise griffen sie im Kaufhaus einem Kürschner einen Pelzmantel und eine Pelzmütze vom Stand und verdienten sich einige Gulden mit Sackgreifen. Mit von der Partie waren neben der Lisel und ihrer Tochter die bereits erwähnte Marianna und das Anna Meyle.

Von Oberschwaben machten sich die Frauen auf den Weg nach Vorarlberg, um dort auf den Märkten der Vorweihnachtszeit ihr Glück zu versuchen. In Feldkirch scheinen sie gewesen zu sein, in Bregenz und in Lindau, schon wieder auf dem Rückweg ins Oberschwäbische. Sie stahlen Stoff, Schmuck, Kleidung, Rosenkränze und immer wieder Geld. Das Geschick der Frauen war beachtlich. So will die Alte Lisel bei Bregenz einem Mann, »hinter welchem sie auf einem schlitten gefahren. 2 fl aus den hosen heraus gezwackhet« haben. In Lindau stahlen die Lisel und die Columbina einer Frau 5 fl und hatten noch das Glück, daß ein Junge dieses Diebstahls bezichtigt wurde. Die beiden anderen Frauen waren schon nach Ravensburg vorausgegangen und hatten dort nach Aussage der

Alten Lisel »einen besseren marckht«, als sie ihn mit ihrer Tochter in Lindau hatte.
Um Ostern des Jahres 1731, die Frauen hielten sich gerade in Fenken auf, entschloß sich das Anna Meyle, zukünftig als Magd bei der Lisel zu bleiben. In Lindau, wohin sie um diese Zeit einen erneuten Abstecher unternahmen, wurden sie beim Versuch, Stoff von einem Stand zu stehlen, von einem Krämer und einem Gerber erwischt und verprügelt. Etwa acht Tage vor Pfingsten erklärte die Alte Lisel, daß sie Fenken verlassen und sich wieder nach Saulgau begeben würden.
Zurück blieben Marianna und ihre Mutter, die Rote Frickingerin, die lange Zeit in Fenken krank gelegen hatte. Die Ursache war möglicherweise eine Abtreibung, die die Rote Frickingerin hatte vornehmen lassen, und von der die Columbina in ihren Verhören andeutungsweise spricht. Mit der Lisel gingen ihre Tochter, das Anna Meyle und ein »bettelweib«, die Bärbel, mitsamt ihren vier kleinen Kindern. Die Bärbel war eine Schwester der Marianna. In Weingarten, wo sie auf ihrem Weg Rast machten und einkehrten, stahlen sie einem Händler mehrere Paar Strümpfe.

Wie schon gegen Ende des vorangegangenen Jahres nach ihrer Rückkehr aus Buchloe fanden die Alte Lisel und ihr Anhang Unterschlupf in Steinbronnen. Beim Hechtwirt in Saulgau lernte sie um diese Zeit einen Mann kennen, mit dem sie bis zu ihrer Verhaftung noch nicht einmal ein Jahr später zusammenbleiben sollte, als sie nach einem längeren Aufenthalt in der Schweiz und in Vorarlberg zurück auf dem Weg nach Saulgau waren und nur wenige Kilometer vor Erreichen ihres Ziels von Salemer Beamten aufgegriffen wurden.

5. Der Name dieses Mannes lautete Thomas Schidenhalm. Er stammte aus einer Müllersfamilie bei Stotzingen, zwischen Günzburg im Süden und Heidenheim an der Brenz im Norden gelegen, und er hatte bereits längere Zeit mit der Schwester der Alten Lisel zusammengelebt, bevor er sich mit letzterer zusammentat. Der Hechtwirt in Saulgau hatte der Lisel davon erzählt. Der Thomas war nach Andreas Knoblocher, Lorentz Guethner und dem Geiger Stöffele ihr vierter Mann, und er starb wie diese durch die Hand des Scharfrichters.

In einer Zuger Beschreibung aus dem Jahr 1732 wird er wie folgt beschrieben: »Thomas/ ein Schwab 26. Jahr alt/ ein kleiner/ kurtzer/ dicker Mann/ hab ein volles schwartzes Angesicht/ schwartz kurtze Haar/ auch ein schwartzen Bart/ schwartze Augen/ und wohl zähnet/ ein Müller/ mit weissem Rock/ und gesponnenen Knöpffen gleicher Farb/ Strümpf und Hosen wie der Rock/ trage einen Rantzen bey sich und einen gemeinen Huth/ er (=der Aussagende) glaube/ daß dieser bey Salmenschweyl in selbiger Jurisdiction gefangen ligen solle [...]«

Es ist immer wieder die Columbina, die sich in ihren Verhören abschätzig über den Thomas äußert. Sie mochte ihn nicht und einmal sagt sie sogar, daß der Thomas »ihro feind gewesen seye.« Die Columbina ist es auch, die auf den gewalttätigen Charakter ihres ›Stiefvaters‹ zu sprechen kommt. Gelegentlich schlug er die Alte Lisel und die Columbina, und auf die Frage der Salemer Beamten, warum er das tat, antwortete letztere: Sie »wisse nit. worum er sie vnd ihr mutter geschlagen. dann der thomas es nit gesagt habe. möchte seyen. das er sie geschlagen weillen sie nit mehr auf dem marckht bekommen. oder das I(nquisitin) gesagt. der thomas könte wohl weiters gehen. hätte ihn nit nötig.«

Reibungspunkte und Konflikte gab es also genug zwischen der Columbina und dem Thomas. Gerade ihre letzte Äußerung ist geeignet, ein Licht auf das durchaus gespannte Verhältnis zu werfen, das in ihrem Milieu zwischen der Welt der Frauen und der der Männer bestand. Wer wie die Columbina und natürlich auch ihre Mutter gewohnt war, für sich selbst zu sorgen, und empfindliche Strafen für den Fall riskierte, bei ihren Diebereien erwischt zu werden, ließ sich mit Recht nur ungern von Männern kommandieren, die die meiste Zeit trinkend und spielend im Wirtshaus verbrachten. Es ist freilich an dieser Stelle noch zu früh, ein abschließendes Urteil über das Verhältnis der Geschlechter im Diebes- und Gaunermilieu des frühen 18. Jahrhunderts zu fällen. Zumal es Hinweise gibt, daß es so etwas wie eine Arbeitsteilung zwischen den Geschlechtern gab und daß auch die Männer mit ihren Unternehmungen zum Auskommen der ganzen Gruppe, in der sie lebten und mit der sie herumzogen, beitrugen. Außerdem, wer will ausschließen, daß sich die Lisel und der

Thomas ineinander verliebten , als sie sich in Saulgau kennenlernten?
Die eigentliche Hauptbeschäftigung des Thomas scheint das sogenannte ›Fechten‹ gewesen zu sein. So wurde das Betteln von wandernden Handwerksgesellen damals genannt, auf das diese immer wieder angewiesen waren, wenn sie gerade keine Arbeit hatten. So sagt die Columbina einmal über den Thomas: »So lang er bey ihnen seye. habe er sich den mülleren nach begeben. vnd gefochten.« Hier kam ihm zugute, daß er aus einer Müllersfamilie stammte und den Müllerberuf selbst erlernt hatte – gelegentlich wird er in den Quellen deshalb ja auch der Müller genannt. Er war also ein ins kriminelle Vagantenmilieu abgerutschter Handwerksgeselle.
Der Thomas und der Geiger Stöffele, die letzten beiden Männer der Alten Lisel, waren nach Ausweis des Zürcher Diebsverzeichnisses und der Zuger Beschreibung zum Zeitpunkt ihrer Verhaftung deutlich jünger als diese: Die Lisel ging bereits auf die 40 zu, als der Geiger Stöffele etwa 20 und der Thomas etwa 26 Jahre alt waren. Solche Altersunterschiede – ältere Frau, jüngerer Mann – kamen im Gaunermilieu des 18.

Jahrhunderts durchaus häufig vor. Die Jauner- und Diebslisten der Zeit halten eine Vielzahl von Beispielen dafür bereit. Solche Altersunterschiede hatten natürlich ein unterschiedliches Maß an Lebenserfahrung zur Folge, über das die betreffenden Personen verfügen konnten. Das bestärkt mich wiederum in der Sicht, in der Alten Lisel die unbestrittene Anführerin der Bande zu sehen. Sie konnte und wollte auf den Thomas vielleicht nicht verzichten; er hatte von ihr aber noch eine Menge zu lernen.

6. Der erste gemeinsame Weg führte die Alte Lisel, den Thomas und ihre Begleiter von Saulgau in die Heimat des Thomas, wo ein Bruder eine Mühle besaß, und wo sie sich zwei bis drei Tage aufhielten. Der Mutter des Thomas soll die Lisel dort erzählt haben, daß sie von ihrem Sohn schwanger sei. Nächstes Ziel der Gruppe war Nördlingen, wo damals während vierzehn Tagen Messe war. Zunächst bezog sie ein Quartier außerhalb Nördlingens, zog dann aber in einen Gasthof in der Stadt. Mit dabei war weiterhin die Bärbel.

Die Aussagen, wie lohnend der Messebesuch war, sind nicht recht einzuschätzen. Natürlich gelangen einige Geld- und Stoffdiebstähle. Auch drei Kettchen wurden erbeutet, die die Bärbel, die Columbina und das Anna Meyle unter sich aufteilten. Das Anna Meyle verkaufte ihres um einen Groschen weiter. Andererseits bemerkt die Columbina in ihrem Verhör, daß kaum Leute in Nördlingen gewesen seien, und daß sie ihr Geld während der Messe »verthan« hätten. Vielleicht war das ja der Grund, weshalb die Alte Lisel mindestens ein, vielleicht auch zwei Mal von Nördlingen nach Oettingen in Bayern wanderte, um dort auf dem Wochenmarkt ihr Glück zu versuchen. Als sie von dort zurückkam, wurde sie von dem Thomas geschlagen.
Von Nördlingen ging es nach Ellwangen und Dinkelsbühl, die Aussagen widersprechen sich in diesem Punkt etwas. Die Lisel gibt an, in Ellwangen auf dem Jahrmarkt und im nahegelegenen Schönenberg in der Kirche etwas Geld gestohlen zu haben; die Columbina sagt aus, daß sie von Nördlingen nach Dinkelsbühl gezogen seien. Auch dort seien ihre Mutter und sie von dem Thomas geschlagen worden. Wahrscheinlich war

die Ausbeute ihrer Streifzüge wieder einmal zu gering ausgefallen.
Von Ellwangen beziehungsweise Dinkelsbühl führte die Reise wieder nach Süden, über Ulm, wo der Thomas zwei Mal ›fechten‹ ging, über Schemmerberg, wo der Thomas sein Glück beim Spiel versuchte und die Frauen verschiedene Diebstähle begingen, sowie eine Reihe weiterer Orte nach den schon häufiger zu erwähnen gewesenen Saulgau und Fenken. Nach einem Besuch des ›Blutritts‹ in Weingarten verließ die Gruppe Fenken und erreichte über Markdorf und Hagnau Eriskirch, wo sie sich »8 tag vor Jacobi« (25. Juli) über den Bodensee nach Arbon setzen ließ. Ein halbes Jahr durchstreiften die Alte Lisel und ihre Gefährten jetzt genauso rastlos, wie sie durch Schwaben gezogen waren, die Schweiz und Vorarlberg.
Einige Charakteristika ihrer Lebens- und Arbeitsweise lassen sich jetzt schon in Form einer kleinen Zwischenbilanz herausarbeiten. Da ist zum einen der enge, teilweise familiäre Zusammenhang und Zusammenhalt einzelner herumziehender Gruppen, vermittelt durch Personen wie die Alte Lisel oder die Rote Frickingerin. Zwischen ihnen fand immer wieder ein

Austausch statt, so daß man selten darauf angewiesen war, sich mit völlig Fremden zusammenzutun. Die Jauner- und Diebslisten erlauben gelegentlich, Teile verzweigter Familienstammbäume regelrechter Gaunerdynastien zu rekonstruieren. Damit ist freilich auch ein Licht auf die Tatsache geworfen, daß ins kriminelle Milieu hineingeborene Kinder wie die der Lisel kaum eine Chance besaßen, einen Weg aus diesem Milieu herauszufinden.

Da ist zum anderen die Angewohnheit, den Jahrmärkten, Kirchweihen und Messen ›nachzulaufen‹, und dort im unübersichtlichen Gedränge der Verkaufsstände, an Spieltischen, aber auch in Kirchen und Gasthäusern ihre Diebstähle zu verüben – wo immer sich gerade die Gelegenheit dazu bot. Die Columbina beschreibt das gelegentlich so: »Wann vil leut beysammen. vnd ein getreng gewesen. habe sie den leuten in die säckh gelangt.« Und auf die Frage, von wem sie solches gelernt habe: »Von der mutter. Vnd habe gesagt. wann die leuth trinken. solle sie den leuten in die säckh langen. dann sie merken es nit.«

Zur Übernachtung bevorzugten sie kleinere Ortschaften und Weiler, auch einzeln stehende Gehöfte in der

Umgebung der besuchten Marktorte, wo sie in der Regel schon bekannt waren und sich sicher fühlen durften. In Oberschwaben waren das vor allem Steinbronnen bei Saulgau und Fenken bei Ravensburg. Auf diese Unterschlüpfe wird noch eigens einzugehen sein.

7. Die Alte Lisel, der Thomas, die Columbina und das Anna Meyle nahmen nach einer Aussage der Columbina den »graden weeg« von Arbon über St. Gallen nach Einsiedeln. Vier Tage hätten sie »hinein«, vier Tage »heraus« gebraucht und sich nur einen Tag in Einsiedeln aufgehalten. Dann sei es schon wieder nach St. Gallen zurückgegangen. Auch Diebstähle hätten sie in dieser Zeit keine verübt, ganz so wie es sich für fromme Wallfahrer und Wallfahrerinnen geziemte. Von Wasser und Brot hätten sie sich ernährt und in Heuhütten übernachtet. Die Wirklichkeit sah freilich anders aus.

Schon in Herisau, zwei Stunden hinter St. Gallen, stahlen die Lisel und eine gewisse Bärbel, die sich ihr angeschlossen hatte, Stoff aus einem Kramladen. Zwischen Uznach und Rapperswil gelangen dem Anna

Meyle zwei Opferstockdiebstähle. Die Bärbel trennte sich hier nach einem Streit wieder von der Alten Lisel und ihren Gefährten. In Einsiedeln angekommen, hielt sich die Gruppe etwa acht Tage im sogenannten »Zurcher häusle« auf. Die Lisel und ihre Tochter gingen von dort täglich in den Ort und versuchten ihr Glück. Der Rückweg nach St. Gallen führte sie wieder über Uznach, wo sich die Alte Lisel auf dem Wochenmarkt 7 fl mit Beutelschneiden verdiente. Auch in Lichtensteig wurde dieses Mal Rast gemacht. Es war nach übereinstimmenden Aussagen der Geburts- und Taufort der Columbina. Ihre Patentante betrieb dort eine Mühle. Vielleicht hatte die Lisel den Thomas ja ganz und gar auf dieser Mühle und nicht erst in Saulgau kennengelernt, als dieser dort einmal ›gefochten‹ hatte.
Um diese Zeit muß auch der Tüpflete Hannes zur Alten Lisel gestoßen sein. Er blieb mindestens bis zur überstürzten Flucht der Gruppe vom ›Gahlinger Hof‹ in Gailingen im Januar 1732 bei der Lisel. Sein weiteres Schicksal bleibt freilich etwas dunkel. Vermutlich wurde der Tüpflete Hannes Anfang des Jahres 1732 in Zug in der Schweiz hingerichtet. Die für die Personen-

beschreibungen von Johann Douroth, Verena Fremerin, Thomas Schidenhalm und Jacob Waltemer in der Zuger Strolchen- und Räuberbeschreibung vom selben Jahr notwendigen Angaben könnnten also sehr gut vom ihm stammen. Vier Jahre zuvor war er selbst im Zürcher Diebsverzeichnis wie folgt beschrieben worden: »Düpflet Hanneslj, (auch klein Sammelis Gespann,) auß dem Elsaß, in 20 Jahren alt, gemeiner und magerer rahner Statur, ganz düpflet zerrissen Gesicht, habe ein Hieb bey dem einten Ohr, schwarz=braunes Haar, braun auf gelbzickender Bart, gebe sich für einen Knöpf=Macher auß, komme meistens grauzeugin gekleidet, halte sich fast aller Orten, sonderheitlich im Schweitzerland auf, und sey zu Freyburg im Breisgau ein gantz Jahr lang gefangen gewesen.«

Die Salemer Beamten sprachen gelegentlich die Vermutung aus, daß der Tüpflete Hannes ein Verhältnis mit der Columbina gehabt habe. Die Häftlinge schwiegen sich darüber weitgehend aus. Die Alte Lisel bemerkt ganz lapidar, daß ihre Tochter noch viel zu jung sei, um ein Verhältnis zu haben, oder ans Heiraten zu denken. Dagegen spricht, daß die Columbina ins Zuchthaus nach Buchloe geführt worden war, weil sie in Pfersee mit einem fremden Handwerksgesellen zusammen im Bett liegend vorgefunden worden war. Von Lichtensteig führte der Weg zurück nach St. Gallen, das eindeutig der bevorzugte Aufenthaltsort der Lisel und ihrer Gefährten in der Schweiz war, und an den sie immer wieder von ihren Streifzügen zurückkehrten. Sie hielten sich damals etwas außerhalb der Stadt auf, denn die Columbina sagt aus, daß ihre Mutter drei oder vier Mal in der Stadt gewesen sei, um – so die Alte Lisel – Schmalz und Mehl zu kaufen. »Dann und wann« habe sie auch einen halben Gulden mitgebracht. Von St. Gallen war es nicht weit nach Rorschach, wo der Lisel ein Diebstahl von 7 fl gelang, die sie einem Bauersmädchen abnahm. Wie gewöhnlich brachte sie das Geld ihrem ›Galan‹, der im ›Schiff‹ wartete, während die Frauen sich nach lohnenden Opfern umsahen.

Nächstes Ziel war Feldkirch, das die Gruppe im August besuchte. Übereinstimmend wird von einem Diebstahl berichtet, den die Alte Lisel in der dortigen Kapuzinerkirche beging, und der Zeugnis von der erstaunlichen Fingerfertigkeit dieser Frau ablegt: Sie schnitt »ein hölzernes mit silber gefasstes Creutz einer stattfrauen wehrendt deme. als diese den Rosenkrantz an dem arm hangen lassen und im buch gebettet habe. mit einem schörle ab dem rosenkrantz.« Sie brachte es dem Thomas, der im ›Ochsen‹ auf sie wartete. Von Feldkirch ging es dann »über Einsidlen herunterwerths in die Schweiz«. St. Gallen wurde um den 16. Oktober herum wieder erreicht.

8. Die Geburt des Kindes der Alten Lisel stand jetzt unmittelbar bevor. Es galt also, eine sichere Unterkunft zu finden. Sie wurde in Riederenholz, eine Stunde vor St. Gallen, gefunden. Von dort besuchten die Frauen wie gewohnt die Märkte der näheren und ferneren Umgebung. Auch die Lisel, so lange ihr das noch möglich war. Ihr glückte beispielsweise der Diebstahl eines Goldstücks, das der Thomas später für 9 fl einwechseln konnte. In ihren Verhören gab die Alte Lisel zwar an, dieses Geld durch Prostitution verdient und in ihr Kleid eingenäht zu haben, um es für die Zeit ihres Kindbetts aufzusparen. Tatsächlich stahl sie es jedoch in St. Gallen. Aber auch weitere Abstecher unternahm die Lisel vor ihrer Geburt noch. So besuchte

sie zusammen mit ihrer Tochter den Markt in Schaffhausen, war dort jedoch wenig erfolgreich, denn sie wurde bei einem Diebstahlsversuch ertappt und verprügelt.

Der Thomas und der Tüpflete Hannes verließen die Frauen damals für einige Zeit, wohl um in Solothurn einen Diebstahl oder Einbruch zu verüben. Der Thomas, der ohne den Tüpfleten Hannes nach St. Gallen zurückkehrte, brachte Kleidung und Wäsche mit: zwei Leintücher, zwei Männer- und ein Frauenhemd, zwei Windeln, ein Kissen und einen braunen Männerrock. Alles Dinge, die jetzt gebraucht wurden. Auch die Alte Lisel stand bei der Rückkehr des Thomas nicht mit leeren Händen da: Insgesamt 12 fl konnte sie ihm »zum willkommen« geben, einschließlich des erwähnten Goldstücks. Gleich darauf verließ der Thomas St. Gallen wieder, um »hinter Einsiedeln« zu gehen, und dort zu ›fechten‹. Laut Aussage der Columbina machte er das, »damit er der mutter die kindbett aushalten könne.« Drei Tage vor der Niederkunft der Lisel kam er zurück und brachte auch den Tüpfleten Hannes wieder mit.

Die Art und Weise, wie sich die Menschen um die Alte Lisel, Männer und Frauen, auf die bevorstehende Geburt einstellten, scheint mir bei aller Roheit im täglichen Umgang, auf den vor allem die Columbina immer wieder zu sprechen kommt, doch ein Indiz für einen inneren Zusammenhalt der Gruppe zu sein, der von starken Solidaritätsgefühlen und Solidaritätsgedanken getragen war, ohne deshalb gleich sagen zu können, von welcher Intensität die emotionalen Beziehungen der Lisel und des Thomas, der Columbina, des Anna Meyle und des Tüpfleten Hannes im einzelnen waren. Daß diese Beziehungen überwiegend zweckorientiert und affektfrei gewesen seien, wie das die moderne Forschung gelegentlich behauptet, mag in der Tendenz zutreffen. Das Beispiel der Alten Lisel zeigt aber auch, daß eine Überzeichnung dieser Tendenz die Lebensweise im Milieu der Vagierenden des frühen 18. Jahrhunderts nicht angemessen wiedergibt.

9. Der erste gemeinsame Streifzug der Gruppe nach der Niederkunft der Alten Lisel führte um Martini (11. November) nach Bischofszell. Der Lisel gelang dort im Schmalzhaus der Diebstahl von 24 fl, die ein Bauer in einem ledernen Beutel mit sich führte.

Zwischen der Columbina und ihrer Mutter kam es damals zum Streit, weil die Columbina Strümpfe und einen Hut, die jene nehmen wollte, nicht haben wollte. Das Anna Meyle schaltete sich mit der Bemerkung in den sich entspinnenden Wortwechsel ein, daß die Columbina an ihrer Stelle bei dem Neugeborenen bleiben solle, wenn sie »der mutter die sach nit abnemmen wolle.« Sie würde das »ohne bedenkhen« tun.
Zum Conradimarkt (26. November) wollte die Gruppe in Konstanz sein, und sie machte sich über Arbon langsam auf den Weg dorthin. Unterkunft fand sie in einem Kreuzlinger Wirtshaus. Es wurde von einer Witwe geführt und stand »linkher hand an der strassen. wann man von Costanz heraus gehe. vnd seye in dessen schildt etwas geschrieben.« Das Anna Meyle kümmerte sich hier um den Säugling, während der Alten Lisel in Konstanz ein lohnender Gelddiebstahl gelang und die Columbina mit großem Geschick ein Korallenhalsband und zwei silberne Löffel erbeutete: »Das corallene nuster seye in einem cortonen schnupftuch gewesen. so aus dem sackh herausgescheut. vnd dann herausgezogen. die silberne löffel aber habe sie aus dem sackh gelangt. welcher zimlich offen gestanden.«

Ein kurzer Abstecher führte sodann von Konstanz nach Frauenfeld, wo die Gruppe für drei Tage im ›Kreuz‹ in der Frauenfelder Vorstadt abstieg. Der Lisel gelang auf dem Jahrmarkt ein Diebstahl an einem Spieltisch. Das Anna Meyle stahl einer Dienstmagd des ›Kreuz‹ immerhin 9 fl. Nächstes Ziel waren wie schon im Jahr zuvor die Herbst- und Weihnachtsmärkte der östlichen Bodenseeregion. In Rorschach gelang nach und nach der Diebstahl von 10 bis 12 fl Geld sowie 15 Ellen Stoffs. Beteiligt war hieran auch die Marianna, die Tochter der Roten Frickingerin. Sie war mit ihrem Mann, den die Columbina bereits im Buchloer Zuchthaus kennengelernt hatte, mittlerweile wieder einmal zur Alten Lisel gestoßen.

Letztere »participierte« im Namen ihrer Tochter an dem erfolgreichen Diebstahl und verwendete den Stoff für ein Futter im Rock ihres Mannes: »Und seye eben derjenige Rothe Cartifs. welchen sie ihrem galan dem Dominico Schidenhalm in seinen würkhlich antragenden weisen rockh habe fuetheren lassen.« Es kam durchaus häufig vor, daß gestohlener Stoff zu persönlichen Zwecken verarbeitet wurde. Daneben wurde er entweder umgehend weiterverkauft, oder aber in den mitgeführten Krätzen (das sind an Achselbändern getragene Rückenkörbe) verstaut und als Hausierware ausgegeben und mitgeführt. In Feldkirch, der nächsten Station, gelang es dem Tüpfleten Hannes mitsamt einigen neuen, unbekannten Kumpanen, im Tuchhaus Stoff zu stehlen. Der Thomas bezahlte letztere mit Geld aus.

10. Von Feldkirch ging es nach Chur, wo um die Jahreswende ein etwa acht Tage dauernder Jahrmarkt abgehalten wurde. Wie gewöhnlich wurde etwas außerhalb der Stadt Quartier bezogen. Die Alte Lisel wies ihre Tochter an, sie »solle in der nacht am neuen Jahr in die kirchen gehen. kommen vill leut dahin. vnd suchen ihnen in die säkh zu langen.« Tatsächlich gelang der Columbina der erwähnte große Coup, allerdings nicht in der Kirche, sondern auf dem Markt: Einer Frau, die sich an einem Krämerstand aufhielt, zog sie ein Lederfutteral mit acht Ringen aus der Tasche. Auch die Lisel war natürlich nicht untätig; ihr gelangen einige Gelddiebstähle. Wie üblich wartete der Thomas im Wirtshaus auf die Beute.

An einem der Churer Markttage vergaß die Alte Lisel alle Vorsichtsmaßregeln: Sie trank einige Gläser Wein, ging darauf gegen den Willen des Thomas auf den Markt, versuchte einen Diebstahl, wurde dabei aber ertappt und gefangengenommen. Der Thomas und der Rest der Gruppe erfuhren im Wirtshaus von der Verhaftung der Lisel. Sofort schickten sie das Anna Meyle in die Stadt, um Genaueres zu erfahren. Doch auch sie wurde festgenommen; die Churer Obrigkeit war wachsam geworden.

Die Alte Lisel mußte während ihrer etwa acht Tage dauernden Inhaftierung eine gründliche Untersuchung über sich ergehen lassen. Immerhin gelang es der Lisel, nur des im Rausch begangenen Diebstahlsversuches und nicht der zuvor verübten Diebstähle überführt zu werden. Die Strafe dafür war freilich hart genug: Sie wurde »auf den pranger gestöllet, an der nasen etwas gestümmelt. durch den scharpfrichter ausgeführet. und des landes ewig verwisen.« Das Anna Meyle dagegen hatte Glück. Sie wurde ganz und gar freigesprochen.

Verstümmelungsstrafen, wie sie die Alte Lisel zu erleiden hatte, sind Teil der sogenannten Ehrenstrafen, die im System vormoderner Rechtsprechung weitverbreitet waren. Die körperliche Zeichnung der Verstümmelung verstärkte und verlängerte die durch Ehrenstrafen im allgemeinen intendierte soziale Ächtung der Delinquenten und beabsichtigte natürlich eine abschreckende Wirkung. Diese erreichten die Verstümmelungsstrafen freilich nur bedingt; zu weit standen Menschen wie die Lisel schon außerhalb von Gesellschaft und Gesetz.

Für den Thomas, den Tüpfleten Hannes und die Columbina wurde der Aufenthalt in Chur mit der Verhaftung der Alten Lisel und des Anna Meyle zu gefährlich. Sie beschlossen daher, die Stadt zu verlassen, und machten sich über Feldkirch in Richtung Rorschach auf den Weg. Der Thomas unternahm währenddessen einen Abstecher nach St. Gallen, wo er sich sicher genug fühlte, die von der Columbina gestohlenen Ringe an einen Hehler oder Goldschmied zu verkaufen.

Offensichtlich hatten die Lisel und ihre Gefährten einen Treffpunkt für den Fall der Trennung vereinbart, an dem sie wieder zusammenkommen wollten. Das war Horn unweit Rorschachs, wo sie sicher sein konnten, im Wirtshaus des Beck Unterschlupf zu finden. Die

Alte Lisel und das Anna Meyle machten sich daher sofort nach ihrer Freilassung auf den Weg nach Horn. Die Columbina bemerkt dazu: »Ausserhalb Roschach aber ein viertel stund auf dem freyen feld vier tag nach ihrer endlassung seye die Mutter mit dem Anna Meyli wider zu ihnen gekommen.« Von dort war es nur noch ein kurzer Weg nach Horn, das sie am Mittwoch, den 16. Januar 1732 erreichten. Am folgenden Morgen kamen Verena Fremerin, Johann Douroth, Catharina Stöklerin und Jacob Waltemer dort an. Spontan schlossen sich die beiden Gruppen zusammen.

11. Die in Teilen erhaltenen Protokolle der Vernehmungen der zuletzt Genannten, die von den Salemer Beamten vorgenommen wurden, lassen durchweg typische Lebenswege erkennen. Wenn sie hier skizzenartig beschrieben werden, dann deshalb, weil sie einige typische Aspekte der Existenz im Landfahrer- und Gaunermilieu des frühen 18. Jahrhunderts nochmals schlaglichtartig erhellen.
Verena Fremerin sagte in ihrem Verhör vom 4.2.1732 aus, daß sie aus Freiburg im Uechtland stamme, 25

Jahre alt, mit Johann Douroth verheiratet und römisch-katholischen Glaubens sei. Ihre Eltern, die sie nicht gekannt habe, seien »Soldatenleuth« gewesen, und sie sei von einer alten Frau aufgezogen worden. Mit 15 habe sie diese verlassen und vor drei Jahren in Einsiedeln ihren Mann geheiratet. Er war in ihrem Alter, stammte aus Lothringen und war der Sohn eines Schulmeisters. Seine Mutter sei noch am Leben, und ein Bruder studiere in Freiburg im Breisgau. Wie lange der Johann schon »auff dem landt gehe«, wußte die Verena nicht zu sagen, sie glaubte aber, »dz er zu hauss aufferzogen worden.« Nach ihrer Heirat hätten sie sich von der Strumpfweberei und ähnlichen Arbeiten ernährt.

Die Alte Lisel hatte die Verena und ihren Mann im Sommer 1731 in der Gegend von Einsiedeln kennengelernt, als sie in einem Stall zusammen übernachtet hatten. Schon am folgenden Tag hätten sie sich aber wieder getrennt. Auch sonst scheinen sich die Verena und ihr Mann viel in der Eidgenossenschaft und im grenznahen Gebiet aufgehalten zu haben. Nach Horn, wo sie die Lisel wiedertrafen, waren sie von Gailingen gekommen.

Catharina Stöklerin stammte nach Ausweis ihres Verhörs vom 29.1.1732 aus Böhmen, war ungefähr 24 oder 25 Jahre alt, mit Jacob Waltemer verheiratet und römisch-katholischen Glaubens. Ihre Eltern seien vor etwa zehn Jahren gestorben. Sie hätten »beede in armueth gelebet. und die mutter sich mehren taills mit strikhen. der vatter aber sich mit handarbeith ernähret.« Nach dem Tod ihrer Eltern sei sie von fremden Leuten aufgenommen worden und mit ihnen ins Pfälzische gezogen, wo sie zunächst zwei Jahre in einem Wirtshaus in Mannheim als Küchenmädchen, später in einem Wirtshaus in Worms gearbeitet habe. Danach sei sie mit Krämersleuten nach Böhmen zurückgezogen, wo sie ihren Mann kennengelernt und geheiratet habe. Sie hätten »nit 10 worth mit einander geredet. bis sie sich miteinander versprochen und verheyrathet habe(n).« Das war vor etwa drei Jahren gewesen. Zur Hochzeit hätten die Krämersleute der Catharina und dem Jacob einige Waren geschenkt, und sie hätten sich daraufhin mit Hausieren und Betteln durchgeschlagen.

Wie unzuverlässig die Angaben der Verena und der Catharina zu ihrer und der Person ihrer Männer waren, die sie ganz zu Anfang der gegen sie gerichteten Untersuchungen machten, das legt schon die Erfahrung mit den Aussagen der Alten Lisel nahe, die erst nach wochenlangen Verhören mit einer Version ihrer Biographie aufwartete, die den Salemer Beamten zumindest einigermaßen zuverlässig erschien. Die Lebenswege der Catharina und des Jacob erscheinen denn auch in einem zu einem späteren Zeitpunkt abgelegten umfassenden Geständnis des Jacob Waltemer in einem völlig anderen Licht. Er beschreibt hier, wie er die Catharina im oberdeutschen Gaunermilieu – und nicht etwa in Böhmen – kennenlernte, und wie sie sich mit unzähligen Gaunereien zu ernähren versuchten.

Die Zuger Strolchen- und Räuberbeschreibung aus dem Jahr 1732 zeichnet folgendes Bild von Johann Douroth, Verena Fremerin und Jacob Waltemer:

»Der grossen Verenae Mann heisse Hanß Murer (=Johann Douroth)/ seye ein kurtz=schwartzer dicker Mann mit schwartz krausen Haaren/ 28. Jahr alt/ mit schwartz krausen Augen=Braunen/ hab nur ein braun Camisol und Hosen gehabt/ und weiß strümpf.«

»Die gedachte Verena seye weißlecht/ rothmündig/

lang=rahner Statur/ hab kleine Augen/ und gelbe Haar/ sauber schwarz gekleidet/ Rock und Camisol/ und einer Zughauben. NB. Diese hab 2. Schwestern mit Namen Anna und Barbara.«

»Der Jacob Waldhammer (=Waltemer) Schniderlin genannt/ von 23. Jahren alt (wie er (=der Aussagende) hier angeben) mittelmäßiger Postur/ schwartzbraun im Gesicht/ mit schwarz langen Haaren/ schwartzen Augen/ er hincke ein wenig wann er gehet/ einen grauen Rock mit gleichen Knöpfen.«

12. Jacob Waltemer und Catharina Stöklerin trafen in der Vorweihnachtszeit des Jahres 1731 in Gailingen auf Verena Fremerin und Johann Douroth. Sie beschlossen, gemeinsam den Bodensee hinauf und weiter in Richtung Feldkirch zu ziehen. In Horn angekommen, rief sie das Anna Meyle auf Geheiß der Alten Lisel in das Wirtshaus des Beck hinein. Sie setzten sich an einen Tisch und tranken ein Glas Wein zusammen.

Folgt man der Aussage Jacob Waltemers, der sich am ausführlichsten zum Horner Treffen äußert, dann versuchte Johannes Douroth schon vor Erreichen Horns, ihn zu einem Einbruch in einen Kramladen in Märstetten zu überreden. Waltemer will sich zunächst abwartend verhalten haben. Als der Thomas und der Tüpflete Hannes von dem Plan erfuhren und ihre Beteiligung anboten, gab es aber auch für Waltemer kein Zurück mehr. Die Gruppe verließ daraufhin geschlossen, Männer und Frauen, das Wirtshaus des Beck und besprach außerhalb Horns an einem schnell entzündeten Feuer das nächste Vorgehen. Die Frauen sollten den See hinunter nach Gailingen gehen, wo sie im ›Gahlinger Hof‹ sichere Unterkunft erhoffen konnten. Die Männer würden über St. Gallen in den Thurgau ziehen, um dort den geplanten Einbruchsdiebstahl zu begehen. In Gailingen wollten sie dann mitsamt ihrer Beute wieder zu ihren Frauen stoßen.

Der Märstetter Diebstahl ging in der Schilderung Jacob Waltemers wie folgt vor sich: »Die manns bilder. er Inquisit. der Johannes. der beckh und ein ander langer kerl hanns georg genannt. seyen nit länger as 1/4 stundt bey dem feur gebliben. wo indessen der Johannes jederzeit von ausraubung des Cramladens gereedet. und gesagt. sie sollen nur mit ihme kommen. und ihne sorgen lassen. er wolle die waar schon bekommen. wie dann auch sie mannsbilder ihme gefolget. und den weeg über St. Gallen in die refier frawenfeldt genommen. von wannen sie ahm Montag ehe vor sie als sie Sontag hernach gefänglich eingekommen. nächtlicher weill 4 stunden weith von dem orth wo sie beherberget gewesen. auf den Cramladen zu geloffen. der hans habe nebst der thur mit einem stimbisen ein loch in die maur gemacht. hernach hinein gelanget und die haus thur eröffnet. hierauf mit eben disem stimbisen ein schloss von der laden thur abgebrochen. die innere laden thur seye ohne deme schon eröffnet gewesen. worauf Johannes ein liecht gemacht. und habe der hannes hernach Inquisiten und den übrigen 2 Männern die waaren gebotten. das sie selbe hinder das haus in einen garthen tragen. der Johannes hette auch ein schwarzes tuch in dem laden verrissen. umb die benöthigte säckhlein zu hinweg tragung diser waren gemachet. selbige nacht seyen sie annoch in ein dörfflein ahm Rhain oberhalb stain geloffen. allwo sie morgen hierauff über Rhain gefahren. und hernach mittags zeit zu ihren weibern auf den gahlinger hoff gekommen.«

Die Frauen hatten den Weg Ober- und Untersee entlang nach Gailingen genommen. Zwei Tage benötigten sie in der Schilderung des Anna Meyle, um bis in die Gegend von Steckborn und Mammern zu gelangen. Am folgenden Tag überquerten sie bei Stein den Rhein und übernachteten in einem nahegelegenen Dorf. Von dort war es nur ein kurzes Stück Weges zum ›Gahlinger Hof‹, der etwas außerhalb Gailingens lag, »1/4 stundt von diesenhoffen geradt hinüber den Rhein«, und zu dem neben dem Hauptgebäude »zwey alte scheuren und ein kirchli« gehörten. Es ist heute noch unschwer zu erkennen, welcher Hof damit gemeint war.

Als die Frauen am Montag vor ihrer Verhaftung Gailingen erreichten und auf die Ankunft ihrer Männer warteten, waren sie nicht die einzigen Gäste. Es herrschte ein buntes Treiben auf dem Hof: Die meisten Gäste und die Bauersleute kannten sich von früheren Aufenthalten her. Die einen saßen in der Stube und tranken Wein, während die anderen in der Küche arbeiteten, Wäsche wuschen oder anderen Dingen nachgingen. Die Salemer Jauner- und Diebsliste charakterisiert den Gailinger Unterschlupf denn auch mit

den Worten: »Frantz N. Baur auff dem Gahlinger Hoff/ kennet alle Dieb/ gibt ihnen Unterschlauff/ Essen und Truncken gegen gestohlener Waar/ welche sie ihme auch auffzuheben geben.«
Im Laufe des Dienstags trafen die Männer ein, die von Märstetten über Stein am Rhein nach Gailingen gekommen waren. Sie setzten sich zunächst mit ihren Frauen zusammen und dürften von ihrem erfolgreichen Einbruch erzählt haben. Die Beute selbst hatten sie in einer der beiden Scheunen verschlossen. Sie wurde erst am Nachmittag verteilt. Die Columbina und das Anna Meyle berichten in ihren Verhören übereinstimmend, daß sie dabei nicht anwesend sein durften. Jacob Waltemer beschreibt, wie sie die auf vier gleich große Häuflein verteilte Beute unter sich verlosten: »Es habe einer miessen hinumbschawen und ein ander mit einem steckhen. auf das häuffele. welche sie gemacht. deuthen. und fragen. wem diser oder Jener gehöre. dene hernach der vmbseher benambset. deme habe es zugehört.« Danach saß man wieder beisammen und schmiedete sicherlich Pläne, bevor man sich in eine der beiden Scheunen zurückzog, um zu schlafen. Nichts deutet aber darauf hin, daß die Lisel und ihre Gefährten

an raschen Aufbruch dachten. Am kommenden Morgen, dem Mittwochvormittag, überstürzten sich jedoch die Ereignisse.

13. Das Anna Meyle wusch gerade Windeln und Verena Fremerin Bettzeug, als die Nachricht den Hof erreichte, daß sich eine Streife näherte. Schnelles Handeln war jetzt geboten, und die Alte Lisel und ihre Gefährten verhielten sich entsprechend. Das Anna Meyle wurde sofort mit dem Kind in den Wald geschickt, wo es sich verstecken und auf die anderen warten sollte. Etwa eine halbe Stunde später bereits folgte der Rest der Gruppe, schwerbepackt »wie die Esell« mit ihrer Diebesbeute. Bald war die Gruppe von der nachsetzenden Streife versprengt. Aber sie hatte ein Ziel, an dem sie wieder zusammenkommen wollte, ein Dorf bei Radolfzell. Am Mittwochabend trafen die meisten dort ein. Jacob Waltemer und wohl auch Verena Fremerin allerdings erst am Donnerstag; der Jacob hatte die Nacht in einem ihm unbekannten Dorf verbringen müssen.
Die Columbina freilich war der Streife in die Hände

gefallen, als sich die Frauen bei Ramsen getrennt hatten. Die Lisel, das Anna Meyle und Catharina Stöklerin blieben zurück, da erstere ihrem Kind zu trinken geben wollte. Die Columbina und Verena Fremerin gingen voraus und wurden bei Ramsen von zwei Bauern aufgehalten, die mit zur Streife aufgeboten worden sein dürften. Verena Fremerin jedoch gelang die Flucht, indem sie zu einem der beiden Bauern sagte, daß sie ihr Schnupftuch verloren habe, und daß er sie begleiten solle, um es zu suchen. Als dieser Bauer wenig später einen von Stein kommenden, ihm verdächtig erscheinenden Krämer kontrollierte, ergriff die Verena die Gelegenheit beim Schopfe und setzte sich in den Wald ab. Dabei verlor sie ihre Krätze.

Die Gruppe hielt sich bei Radolfzell, wo sie bei einem Mann namens Schmidt Quartier fand, bis Donnerstagabend auf. Um diese Zeit kam Verena Fremerin aus dem ›Adler‹ zurück, wo sie ihr Federbett verkaufen wollte, und mahnte zu schnellem Aufbruch. Jacob Waltemer gab an, man »habe geforchten. die männer die sie auf dem hoff nachgejagt und verfolget haben. sie werden ihnen weiters nachfolgen.« Es war schon dunkel, als die Gruppe sich auf den Weg machte und die ganze Nacht, den folgenden Tag und wiederum die ganze Nacht bis Samstagmittag durchmarschierte. Eine erste Rast wurde am Freitagnachmittag in einer Schenke in der Nähe von Überlingen eingelegt, eine zweite am Samstagvormittag unweit Pfullendorfs in einem Bauernhaus, eine dritte später am Tag an einem bei Mottschieß entzündeten Feuer. Samstagabend erreichte man Lausheim, wo man die Nacht bei einem Bauern verbringen konnte.

Die Umstände der Verhaftung der Alten Lisel und ihrer Gefährten in Lausheim, die am Montag erfolgte, entbehren nicht einer gewissen Tragik, spielte doch der Zufall eine nicht unbeträchtliche Rolle. Die Gruppe selbst konnte sich jedenfalls nach ihrer überstürzten Flucht vom ›Gahlinger Hof‹ und dem zweitägigen Gewaltmarsch von Radolfzell nach Lausheim wieder einigermaßen sicher fühlen. Ihr Ziel dürfte Saulgau gewesen sein, wo sie schon häufiger Unterschlupf gefunden hatte.

14. Es ist an der Zeit, einige zusammenfassende Bemerkungen zu diesen Unterschlüpfen zu machen. Ich habe ja schon darauf aufmerksam gemacht, daß die Alte Lisel und ihre Gefährten sich bevorzugt in kleinen Ortschaften und Weilern in der Umgebung der besuchten Marktorte aufhielten. Zumeist fanden sie hier ihr Quartier auf Bauernhöfen, und die Salemer Jauner- und Diebsliste identifiziert die wichtigsten von ihnen bei Saulgau, in Fenken und in Gailingen, leider jedoch nicht den Aufenthaltsort in oder bei St. Gallen, das Ausgangs- und Endpunkt der Streifzüge der Lisel durch die Schweiz und Vorarlberg war. In größeren Dörfern und Städten logierten sie auch in Wirtshäusern wie dem ›Schild‹ in Kreuzlingen oder dem ›Kreuz‹ in Frauenfeld. Hier wie dort waren sie in der Regel bekannt und konnten sich vergleichsweise sicher fühlen. Die Salemer Jauner- und Diebsliste verzeichnet nicht weniger als 34 einschlägig bekannte »Unterschlauff-Geberen« oder »Receptatores« zwischen Chur im Süden und Ulm im Norden des Wirkungsgebietes der Alten Lisel.

Es liegt die Vermutung nahe, daß diese Wirtshäuser und Bauernhöfe allgemein bekannte Etappenziele auf den Wanderwegen waren, die Landfahrer und Gauner benutzten, wenn sie wie die Lisel ›auf dem Land herumliefen‹. Das Anna Meyle charakterisiert das Treiben in einem dieser Unterschlüpfe, dem ›Gahlinger Hof‹, mit den Worten: »Es seyen mehr leuth da gewesen. es seye alleweill volk auf diesem hoff und mann habe jedermann allda übernacht. mann (gäbe?) auch wein allda. und alligliches umbs gelt. was mann wolle. die Verena seye gar wohl allda bekanth. und habe ir mann von seinem ersten weib ein 8-jähriges Mädlein in disem haus in der kost. nit minder haben auch die wirths leuth ihre alte wohl gekönt. und habe es die alte selbsten nit geläugnet. öffters allda übernachtet zu haben. die wirthin habe erzählet. das die schwarze mit der Verena und den beiden männern in 2 mahlen 4 wochen bey ihr geblieben seyen.«

Das Anna Meyle und die Columbina wissen noch von weiteren Gästen zu berichten, die sich bis zu ihrer überstürzten Flucht auf dem ›Gahlinger Hof‹ aufgehalten hatten: Da waren zum einen einige arme, »gelumphete« Leute, über die die beiden Mädchen in ihren Verhören keine weiteren Worte verloren. Da waren zum anderen aber auch einige vornehm »auffgezogene« Personen. Zu erwähnen ist vor allem der

Schweizer Stoffel, der mitsamt seiner Ehefrau, einem Kind, einer Magd und einer weiteren Frau auf dem ›Gahlinger Hof‹ eintraf. Letztere wollte hier ihren Ehemann erwarten. Der Stoffel, nicht jedoch seine Frau, schloß sich der Lisel an, als diese mit ihren Gefährten in aller Eile aufbrechen mußte. Dafür gibt es nur zwei Erklärungen: Entweder er versuchte, eigenes Diebesgut vor der herannahenden Streife in Sicherheit zu bringen, oder er half dabei, die Beute aus dem Märstetter Einbruch fortzuschaffen. Letzteres scheint der Fall gewesen zu sein.

15. Im Laufe des Sonntags, des 27. Januars 1732 – die Alte Lisel und ihre Gefährten hatten gerade eine Nacht in Lausheim verbracht –, wurde der örtliche Jäger auf die Fremden aufmerksam. Sie hatten die Messe nicht besucht, sich möglicherweise aus weiteren Gründen verdächtig gemacht. Anlaß genug für den Lausheimer Jäger, sich mit dem Salemer Amtmann in Verbindung zu setzen und zu fragen, ob diese Leute »ausgeboten« oder festgenommen werden sollten. Dieser reagierte prompt: Er ließ eine etwa

fünfzehnköpfige Streife zusammenstellen und wies sie an, nach Lausheim zu ziehen, und die Gruppe in der Nacht von Sonntag auf Montag festzunehmen, und sie noch am selben Vormittag nach Bachhaupten zu führen, wo sich ein Amtssitz der Salemer Herrschaft befand.

Die Aktion verlief planmäßig. Vier Frauen und vier Männer konnten auf dem Hof des Bauers Sebastian Bernhardt verhaftet werden: Die Lisel, das Anna Meyle, Verena Fremerin und Catharina Stöklerin; der Thomas, Johann Douroth, Jacob Waltemer und möglicherweise der Schweizer Stoffel oder ein anderer nach der Flucht vom ›Gahlinger Hof‹ zur Gruppe gestoßener Mann. Die Quellen erlauben nicht, diese Frage mit letzter Sicherheit zu beantworten. Der Tüpflete Hannes dürfte nicht unter den Verhafteten gewesen sein. Die Columbina war mit Sicherheit nicht darunter, da sie bereits bei Ramsen aufgeggriffen und ins Gefängnis nach Stockach gebracht worden war. Sichergestellt wurde auch das zahlreich mitgeführte Gepäck der Gruppe. Das Beschlagnahmungsverzeichnis listet alleine sechs Packen voll mit Stoffen und Textilien auf. Sichergestellt wurden auch Schußwaffen.

Die Alte Lisel und ihre Gefährten wußten natürlich, daß sie sich in einer äußerst prekären Situation befanden, als sie am Montagmorgen von den Salemer Jägern und Schützen auf Karren gesetzt und von Lausheim über Ostrach nach Bachhaupten gebracht wurden. Ihre letzte Chance war die Flucht, und sie suchten diese Chance. Eine Gelegenheit bot sich in Ostrach, wo die Streife mitsamt ihren Häftlingen eine Mittagsrast hielt. Der Plan, den die Lisel ausgeheckt hatte, könnte aus einem Filmdrehbuch stammen: Die Streifenmitglieder wurden von den Aufgegriffenen zum Wein eingeladen und, natürlich nicht ohne Hintergedanken, betrunken gemacht. Tatsächlich gelang es den Gefangenen in der eintretenden Unordnung, ein Messer in ihren Besitz zu bringen. Es verhalf freilich nur einem von ihnen zur Flucht, und auch er wurde bald wieder ergriffen und in Aulendorf ins Gefängnis gesteckt.

Mit dem Scheitern dieses Fluchtversuches nahm das weitere Schicksal der Alten Lisel und ihrer Gefährten seinen Lauf. In Bachhaupten und teilweise auch in Salem inhaftiert, wurden sie wochenlangen Verhören unterzogen, an deren Ende sie umfassende Geständnisse ablegten und schließlich hingerichtet wurden. Es überrascht nicht, daß die älteren unter den Häftlingen, allen voran die Lisel, hartnäckig und lange Zeit erfolgreich versuchten, die ihnen zur Last gelegten Diebstähle und Einbrüche abzustreiten. Das Anna Meyle und die Columbina dagegen verfügten noch nicht über die notwendige Routine im Umgang mit den ihre Untersuchung führenden Beamten, und sie verschafften ihnen so früh einen einigermaßen vollständigen Überblick über die Aktivitäten der Bande in den letzten Monaten vor ihrer Verhaftung.

Am 9. 5. 1732 war es auch im Fall der Alten Lisel so weit: Nach Salem überführt und mit dem Thomas konfrontiert, brach sie vor den Richtern auf den Boden und versprach, nunmehr ein vollständiges Geständnis abzulegen. Der Salemer Amtsschreiber gibt die Szene mit den folgenden Worten wieder: »[...] als hat mann zu gewinnung der zeith. und wegen der Inquisitin bezeugten halsstärrigkheith. und läugnen anfänglich die confrontation mit dem thomas Schidenhalm ihrem gewesten s. v. hueren bueben vorzunemmen entschlossen. welcher dann der Inquisitin unter das angesicht geführt. und mit wahrheit zu sagen erinnert worden.

was er newlich über Inquisitin in seinen bisherigen verhören für diebische missethaten angegeben habe. Nachdeme der mitinhafftierte thomas Schidenhalm vorstehender Inquisitin der lisel vorgestellt. hat derselbe Sie um gottes willen gebetten. und mehr andere b(illi?)gliche vorstellung gemacht. bis Sie entlich nach einer halben starckhen stundt fur gericht zu fiesen gefallen. mit wainenden augen und auffgehebten händen um verzeyhung gebetten das sie so wohl zu bachhaubten. als auch in zwey verhören allhier so halsstärriger dingen(?) abgeläugnet. was ihre mitinhafftierte was die zu Stockhach gefangene tochter Columbina selbsten wider sie mit wahrheit ausgesagt. sie seye nunmehr gäntzlichen beraith [...] alles dasjenige. was sie ihr lebtag da und dorten gestohlen. und entfrembdet habe zu bekhennen. bitte sich bis nachmittag bedenkhzeit aus. als denne wolle sie den anfang machen. zue gott und der herrschaft allein ihr vertrauen sezende.«

Am 17.8.1732 wurde die Lisel, am 9.9.1732 der Thomas hingerichtet. Insgesamt verloren damals in Salem mehr als zehn Menschen ihr Leben »durch Strang und Schwerd«.

Nachbetrachtung: Diebes- und Räuberbandenwesen in der Bodenseeregion im 18. Jahrhundert

1. Der Prozeß gegen die Diebesbande der Alten Lisel verlangt abschließend einige einordnende und bewertende Bemerkungen, ohne die ein Verständnis dieses Prozesses nur unvollständig möglich wäre. So ist bereits der Umstand erläuterungsbedürftig, daß sich die Lisel und ihre Gefährten vergleichsweise ungehindert in einem Gebiet bewegen konnten, das immerhin von Dinkelsbühl, Ellwangen und Nördlingen bis Einsiedeln und Chur reichte. Es ist freilich eine altbekannte Tatsache, daß die große Zahl staatlicher und halbstaatlicher Gebilde im Südwesten des Alten Reichs Landfahrern und Gaunern ideale Aktions- und Rückzugsmöglichkeiten bot. Die herrschaftliche Zersplitterung der Region hatte zur Folge, daß sie sich relativ frei bewegen konnten. Denn wenn sie einmal den Arm des Gesetzes fürchten mußten, dann konnten sie sich schnell in ein benachbartes Territorium flüch-

ten. Seine Obrigkeiten besaßen zumeist weder die Möglichkeit noch das Interesse, den benachbarten Polizei- und Gerichtsorganen zu Hilfe zu kommen. Ich habe jedoch schon darauf hingewiesen, daß die obrigkeitlichen Versuche, das verbreitete Armen-, Bettler- und Gaunerwesen einzudämmen, in den zwanziger und dreißiger Jahren des 18. Jahrhunderts eine neue Qualität gewannen.

So versuchte man damals, gerade auch in Salem, mit Hilfe verschiedener Almosen- und Bettelordnungen die Versorgung der Bedürftigen einigermaßen sicherzustellen. Fremde Bettler sah man freilich immer noch am liebsten außerhalb der eigenen Landesgrenzen. Zucht- und Arbeitshäuser, wie sie nach 1720 in Buchloe und Ravensburg als Kreisviertelszuchthäuser des Schwäbischen Kreises gegründet wurden, waren in ihrer Zielsetzung nicht eindeutig festgelegt, waren gleichermaßen ›Fürsorgeanstalten‹ wie ›Institutionen des Strafvollzugs‹. Untersuchungshäftlinge, Vagierende wie die Alte Lisel und ihre Tochter Columbina sowie wegen verschiedener Straftaten rechtskräftig Verurteilte waren also gleichzeitig in ihnen untergebracht. Ein offensives Mittel der Bettler-, Landfahrer-

und Gaunerbekämpfung war die Organisation eines funktionierenden Streifenwesens, das im Verlaufe des 18. Jahrhunderts mehr und mehr in die Hände eigens zu diesem Zweck gegründeter Husareneinheiten gelegt wurde. Bis es soweit war, wurden Amtsdiener, reguläres Militär und Untertanen zum Streifendienst aufgeboten. Die Wirksamkeit dieser ›Treibjagden nach Menschen‹, wie sie in der Literatur gelegentlich genannt werden, war freilich solange begrenzt, wie sie sich darauf beschränkten, die Vagierenden aus ihren Verstecken und über die jeweiligen Landesgrenzen zu treiben. Da war es schon ein Fortschritt, wenn sich Vertreter des Schwäbischen Kreises, Vorderösterreichs und der Reichsritterschaft 1722 in Meersburg darauf verständigten, das gesamte Kreisgebiet in 21 Streifbezirke aufzuteilen, um die Streifentätigkeit zu koordinieren und zu effektivieren. Es war also nicht nur Zufall im Spiel, als die Bande der Lisel durch eine Streife vom ›Gahlinger Hof‹ vertrieben und wenig später von einer anderen in Lausheim verhaftet wurde. Auch die eidgenössischen Kantone versuchten damals ihre Maßnahmen gegen Arme, Bettler und Gauner aufeinander abzustimmen.

Großangelegte Prozesse wie der gegen die Alte Lisel und ihre Gefährten wurden jetzt ebenfalls häufiger geführt, und die die Untersuchung leitenden Beamten setzten dabei mehr und mehr auf Kommunikation untereinander. So forderten die Salemer Richter beispielsweise die drei Jahre alten Verhörprotokolle des Geiger Stöffele aus Sigmaringen oder die Verhörprotokolle der Columbina und der Marianna an, die zur Zeit des Salemer Prozesses in Stockach und Heiligenberg inhaftiert waren. Auch nach Chur wurde beispielsweise geschrieben, um sich Aufschluß über die dortigen Vorgänge zu verschaffen. Besserer gegenseitiger Information dienten nicht zuletzt die Diebsverzeichnisse, Räuberbeschreibungen, Jauner- und Diebslisten, wie sie seit 1728 vermehrt in der Region angelegt wurden.

Prozesse, wie sie in Sigmaringen, Chur oder Salem stattfanden, wurden, wie gesehen, mit großer Strenge geführt. Verstümmelungsstrafen werden von uns zu Recht als grausam empfunden, und die Todesstrafe für Diebstahl und Einbruch, selbst wenn sie über notorische Gauner wie die Lisel verhängt wird, empfinden wir als unverhältnismäßig hart. Damit ist ein Aspekt der

Rechtsprechungswirklichkeit des 18. Jahrhunderts berührt, der hier nicht weiter ausgeführt werden kann: Die damals einsetzende Intensivierung der Strafverfolgung war zunächst keineswegs mit einer Humanisierung der Mittel und Formen verbunden, derer sie sich bediente. Die im Auf- und Ausbau befindlichen modernen obrigkeitlichen beziehungsweise staatlichen Organe bedienten sich vielmehr, wie könnte es anders sein, zunächst der traditionellen Instrumente der Rechtsprechung und wandten das hergebrachte Repertoire der Strafen mit großer – und für uns unverständlicher – Härte an, als sie gezielt gegen Gauner, Randgruppen und Unterschichten vorzugehen begannen. Erst später sollten hier Reformprozesse wirksam werden.

Der Prozeß gegen die Diebesbande der Alten Lisel gewinnt in der zuletzt eingenommenen Perspektive durchaus beispielartigen Charakter: Die Salemer Richter überschritten in ihm ihren engen reichsstiftischen Horizont und agierten in einem breiteren regionalen und herrschaftlichen Interesse, indem sie über eine Gruppe zu Gericht saßen, die unmittelbar vor ihrer Verhaftung ja gar keinen Diebstahl oder Einbruch auf Salemer Territorium verübt hatte. Je mehr Richter sich aber diesen Standpunkt zu eigen machten, um so schneller waren die Tage der Landfahrer und Gauner vom Schlage einer Lisel gezählt.

2. Die angesprochenen Verhältnisse veränderten sich bis zum Ende des 18. Jahrhunderts jedoch nur allmählich. K. S. Bader hat ihnen mit Blick auf die Bodenseeregion eine einschlägige Studie gewidmet. Auch damals bildeten der Südwesten des Reichs und die Eidgenossenschaft noch bevorzugte Aufenthaltsgebiete für Landfahrer und Gauner. Auch die typischen Formen der Vagantenkriminalität waren noch dieselben: Diebstahl und Betrug, Falschspiel und Gaukelei. Raub und Tötungsdelikte blieben dagegen weiterhin Randerscheinungen im Milieu. Besonderen Nachdruck legt Bader auf die Feststellung, daß Verbrechensbekämpfung gegen Ende des 18. Jahrhunderts eine Sache von einzelnen war, der sich vor allem Bezirksamtleute verschrieben hatten. Auch in dieser Hinsicht hatte sich also gegenüber dem Anfang des Jahrhunderts nichts Grundlegendes geändert, denn ohne die Initiative und Hartnäckigkeit einiger Salemer Beamten wäre der

Prozeß gegen die Alte Lisel gar nicht zu führen gewesen. Ein Schäffer, Graf Schenk von Castell, Roth und Hundbiss waren die bekanntesten Verfolger von Dieben und Räubern am Ende des Jahrhunderts. Die Jauner- und Diebslisten, die sie erstellten, umfaßten jetzt gelegentlich Hunderte, ja Tausende von Namen.

Einige von ihnen, so der des Sonnewirthle, des Konstanzer Hans oder des Hannikel, sind in der Erinnerung lebendig geblieben. Friedrich Schwan oder Sonnewirthle genannt arbeitete um die Mitte des Jahrhunderts in Schwaben mit jüdischen Banditen und wurde das Vorbild für Friedrich Schillers ›Verbrecher aus verlorener Ehre‹. Johann Baptist Herrenberger, der Konstanzer Hans, wurde 1782 vom württembergischen Oberamtmann Schäffer aus Sulz am Neckar verhaftet, sagte sich vom Banditenleben los, verfaßte einen Sprachführer der Gaunersprache, des Rotwelschen, und starb 1793 im Armenhaus in Ludwigsburg. Jakob Reinhard, bekanntgeworden unter dem Namen Hannikel, wurde 1786 vom Oberamtmann Schäffer von Chur nach Sulz überführt, wo er im darauffolgenden Jahr hingerichtet wurde.

Letzter Repräsentant des Diebes- und Räuberwesens des Ancien Régime in der Bodenseeregion war Xaver Hohenleiter, der sogenannte Schwarze Veri, der 1819 in Biberach in der Haft vom Blitz erschlagen wurde und der in der Geschichtserinnerung vor allem Oberschwabens noch recht gegenwärtig ist. Mit dem Ende des vorindustriellen Zeitalters war das Ende der beschriebenen Kirchen- und Straßenräuber, Beutelschneider, Tag-, Nacht- und Herbergsdiebe gekommen. Die gewaltigen gesellschaftlichen Transformationsprozesse des 19. Jahrhunderts sollten sowohl die Unterschichten und Randgruppen, also den Nährboden des kriminellen Vagantentums, als auch Ursachen und Formen von Kriminalität – und Devianz überhaupt –, wie auch den Umgang mit ihnen gründlich verändern.

Quellen und Darstellungen

1. Ungedruckte Quellen

Generallandesarchiv Karlsruhe, Abt. 98/3093–3096: Korrespondenz, Verhörprotokolle usw. die sog. Sengg'sche Diebsbande betr.

(Alle Quellenzitate entstammen, sofern nicht anders kenntlich gemacht, den Verhörprotokollen und werden nicht eigens in Anmerkungen nachgewiesen.)

2. Gedruckte Quellen

Verzeichnuß Zerschiedenen herum=streichenden Diebs=Gesindes, so nach dem von denen den 30. Sept. 1728. zu Zürich mit dem Strang hingerichteten dreyen Diebs=Gesellen eingenohmenen Bericht theils auf den Gränzen des Schwaben=Lands, theils auch in der Schweiz, vornehmlich aber den Boden=See und Rhein=Strohm nach, sich meistens aufhaltet, und mit so wol Täg= als Nächtlichem Rauben hin und wider grossen Schaden verursachet. Dem Publico zum Besten in Truck verfertiget. Im Jahr 1728.

Beschreibung einiger in dem Land herumvagirender Strolchen und Räuber/ wie solche von denen zu Zug den 30. Aprill 1732. hingerichten ihren Mitgesellen angegeben und verzeiget worden/ verfertiget im Jahr 1732.

Jauner= und Diebs=Lista oder Außführliche Beschreibung Einiger In dem Schwabenland und in der Schweitz vagirenden Mörderen/ Kirchen= und Strassen=Rauberen/ Beutelschneideren/ Tag= und

Nacht= Marckt= auch Herberg=Dieben/ dann auch deren Landschädlich und höchst=sträfflichen Unterschlauff=Geberen/ Mithelfferen/ etc. welche von denen bey allhiesig Königl. Freyen Reichs=Stüffts Salmansweyler Anno 1732 durch Strang und Schwerd hingerichteten Maleficanten/ benantlich Johann Duroth/ Dominico Schidenhalm/ Quirino Ostertag/ Georgio Lothner/ Michael Awer/ Jacob Waltemer/ Verena Mingerin/ Catharina Saylerin/ Elisabetha Frommerin/ und Maria Braunin beschriben/ und angegeben worden/ welche auch auf dieser ihrer Beschreibung und Außsagung biß in ihr Ende beharret seynd; dahero zu derselben Hand=Vestmachung und höchst=nöthigen Praecautionen der ärgerlichen Receptatorum, auch Sicherheit/ und Bestem sowohl des Publici, als Privatorum, diese Listam und Beschreibung in offentlichen Truck verfertigen lassen. Den 10. Martij 1733.

3. Darstellungen – eine Auswahl

Karl S. Bader, Kriminelles Vagantentum im Bodenseegebiet um 1800, in: Schweizerische Zeitschrift für Strafrecht 78.1962, S. 291-333.

Michael Barczyk, Die Spitzbubenchronik. Oberschwäbische Räuberbanden. Wahrheit und Legende, Ravensburg 1982.

Inge Becher, Immenstaad am Ende des 18. Jahrhunderts. Untersuchungen zur Sozial- und Agrarstruktur, Immenstaad 1991.

Heiner Boehncke u. Hans Sarkowicz (Hg.), Die deutschen Räuberbanden. Bd. 3: Von der Waterkant bis zu den Alpen, Frankfurt a. M. 1991.

Uwe Danker, Räuberbanden im Alten Reich um 1700. Ein Beitrag zur Geschichte von Herrschaft und Kriminalität in der frühen Neuzeit, Frankfurt a. M. 1988.

Claus Kappl, Die Not der kleinen Leute. Der Alltag der Armen im 18. Jahrhundert im Spiegel der Bamberger Malefizamtsakten, Bamberg 1984.

Carsten Küther, Menschen auf der Straße. Vagierende Unterschichten in Bayern, Franken und Schwaben in der zweiten Hälfte des 18. Jahrhunderts, Göttingen 1983.

Carsten Küther, Räuber und Gauner in Deutschland. Das organisierte Bandenwesen im 18. und 19. Jahrhundert, Göttingen 1976.

Adalbert Nagel, Armut im Barock. Die Bettler und Vaganten Oberschwabens, Weingarten 1986.

Wolfgang Scheffknecht, ›Arme Weiber‹. Bemerkungen zur Rolle der Frau in den Unterschichten und vagierenden Randgruppen der frühneuzeitlichen Gesellschaft, in: Alois Niederstätter u. Wolfgang Scheffknecht (Hg.), Hexe oder Hausfrau. Das Bild der Frau in der Geschichte Vorarlbergs, Sigmaringendorf 1991, S. 77–109. (Leider wurde ich auf diesen überaus wichtigen Beitrag erst nach Drucklegung aufmerksam.)

Claudia Schott, Armenfürsorge, Bettelwesen und Vagantenbekämpfung in der Reichsabtei Salem, Bühl 1978.

Ernst Schubert, Arme Leute, Bettler und Gauner im Franken des 18. Jahrhunderts, Neustadt a. d. Aisch 1983.

Der Schwarze Veri und die letzten Räuberbanden Oberschwabens. Ein Sittenbild aus dem 18./19. Jahrhundert. Neudruck Wangen i. A. 1977.

Gerd Schwerhoff, Köln im Kreuzverhör. Kriminalität, Herrschaft und Gesellschaft in einer frühneuzeitlichen Stadt, Köln 1991.

Bernhard Stier, Fürsorge und Disziplinierung im Zeitalter des Absolutismus. Das Pforzheimer Zucht- und Waisenhaus und die badische Sozialpolitik im 18. Jahrhundert, Sigmaringen 1988.

Arno Störkel, »...auf die gemeine Sicherheit den nöthigen Bedacht zu nehmen...«. Die Mainzer Husaren, in: Jahrbuch für westdeutsche Landesgeschichte 14.1988, S. 63–95.

Rudolf Waltisbühl, Die Bekämpfung des Landstreicher- und des Landfahrertums in der Schweiz. Eine Untersuchung der rechtlichen und soziologischen Stellung der Nichtseßhaften in der Schweiz, Aarau 1944.

Ortsregister

Ellwangen, Schönenberg
Dinkelsbühl
Oettingen
Nördlingen
Heidenheim
Donau
Stotzingen
Günzburg
Ulm
Augsburg/Pfersee
Grauheim
Ehingen
Hayingen
Hochberg
Schemmerberg
Sigmaringen
Biberach
Donau
Saulgau
Sigmaringendorf
Steinbronnen
Buchloe